3歳までの
親子支援と保育・療育

「こども家庭センター」のあり方をさぐる

編著●近藤直子 Naoko Kondo
全国発達支援通園事業連絡協議会

クリエイツかもがわ
CREATES KAMOGAWA

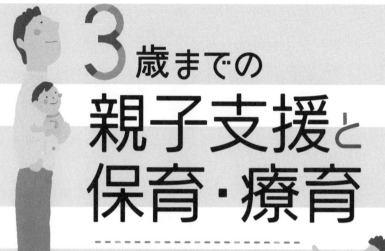

はじめに

私たち「全国発達支援通園事業連絡協議会」（全通連）は、1972年に始まった国の「心身障害児通園事業」を出発点に、相対的に人口規模の小さい地域で障害児の発達支援に寄与してきた事業所の組織です。もともと年齢や障害種別にかかわらず、地域の保健師が親子を誘い利用につないできたため、障害者手帳の取得や医師の診断抜きに0歳児から利用できた事業でした。

この「心身障害児通園事業」は1998年に「障害児通園（デイサービス）事業」と事業名が変わり、2003年には国の補助金事業から「支援費制度」に基づき運営される事業に、2006年には「障害者自立支援法」に基づく利用契約事業に、そして2012年度からは「児童福祉法」に基づく児童発達支援事業にと、事業の根拠法も、事業運営費の仕組みや利用者負担の仕組みも大きく変わり、事業者は翻弄され続けてきました。しかし、制度は変わっても、私たちは自治体の保健師との連携を基本に、0歳児から診断抜きに親子が楽しく通うことのできる場であり続けるために、厚生労働省に現場の思い、保護者の思いを伝えてきました。国も私たちの声に応えて、「保健師の意見書」で利用できる事業として位置づけ、現在も多くの自治体が医師の診断抜きに「受給者証」を発行しています。子どもが幼いうちは、障害の診断を受けること自体が保護者にとってハードルとなり、せっかくの楽しい活動の場につながらないのでは、児童福祉施策としては問題だからです。現在はそうした考えに立つ児童発達支援センターもともに活動しています。

2023年度の「こども家庭庁」発足に伴い、児童発達支援事業を含む障害児通所支援事業はこども家庭庁所管となりました。国は、虐待の危険性の高い0歳児期から、母子保健と児童福祉が連携して親子を支援することを目指し、自治体に「こども家庭センター」を設置するように児童福祉法を改正しました。また発達に不安のある子どもや「育てにくい」子どもと保護者、保育者を支援する役割を児童発達支援センターに求めて、そのことも「改正児童福祉法」に盛り込みました。改正児童福祉法は2024年度から施行されますし、自治体の「第3期障害児福祉計画」も出発します。保健師と連携し地域で発達支援を行ってきた私たちの取り組みを、「こども家庭センター」事業として位置づけさせるとともに、すでに児童発達支援センターとして地域支援に積極的に取り組んでいる事業所が多いことも踏まえ、地域の中でより積極的な役割を果たしたいと決意を新たにしています。

1997年に全通連を結成して以降、制度の変わり目に合わせて『あなたの街にも発達支援の場を――笑顔の子育て「児童デイサービス」』(2004年)、『笑顔が広がる子育てと療育――発達支援の場を身近なところに』(2010年)、『ていねいな子育てと保育――児童発達支援事業の療育』(2013年)、『療育って何?――親子に笑顔を届けて』(2018年)の4冊にまとめ、確信にしてきました。今回のこども家庭庁への移管と児童福祉法改正を踏まえて、特に障害児や育てにくい子が虐待に遭いやすい時期として注目されている0歳児期からの取り組みと、就労家庭の増加を踏まえた中での児童発達支援の役割に重点を置き、2023年10月に開催する全国大会に向けて、2021年滋賀大会、2022年大分大会の成果とともに、開催地名古屋市での取り組みをまとめました。人口規模の相対的に小さい自治体から政令都市までの取り組みを紹介することができました。みなさんの自治体での今後の参考となれば幸いです。

全体構成は以下の通りです。こども家庭庁設置準備室所管の「未就園児等の把握、支援のためのアウトリーチの在り方に関する調査研究検討委員会」報告書（2023年3月1日）の35ページにあるように、3歳未満児で発達支援を必要とする場合には「保護者の心情を配慮した丁寧な支援を行うこと」が必要とされます。そこで第1章では、0歳児期から始まる、母子保健事業・子育て支援事業と連携した児童発達支援の取り組みをまとめました。あなたの自治体でも、乳児を対象とした「楽しい教室」の開設に取り組んでみませんか。第2章では多くの自治体で取り組んでいる1歳半健診後に始まる発達支援の取り組みを、移行支援も含めてまとめました。初めての子育てで不安な3歳未満の時期には、親子が楽しく通う場が障害の診断の有無とは関係なく保障される必要がありますが、3歳までのこうした取り組みの制度的基盤が弱いため、自治体による格差が大きいのも事実です。保護者の声も踏まえた制度検討を求めたいものです。第3章では保護者の思いと生活を支えるための、保護者の就労支援の取り組みと、保育所等への地域支援を含めた多様な取り組みをまとめました。保育所や幼稚園、認定こども園などの方にも読んでいただきたいと思っています。第4章では、親子が安心して暮らすことのできる自治体の仕組みづくりに向けた組織的な取り組みを紹介し、第5章では、国の制度についての全通連としての意見表明を、会長・事務局長とでまとめてみました。

親子が楽しく幸せな日々を送りうるために取り組まれる具体的な実践に学ぶとともに、そこにある課題も含めて学び合い検討をすすめていただき、みなさんの地域が、すべての親子にとって安心して暮らしうる地域となるよう、実践を積み上げてくださることを祈っています。

なお、西暦表記を基本にしつつ、元の図表等が和暦を用いている場合は、そのままの表記を用いました。障害の表記の仕方については、執筆者の意向を尊重しています。

子どもさんの名前はすべて仮名です。

２０２３年10月

近藤直子（全国発達支援通園事業連絡協議会（全通連）会長）

3歳までの親子支援と保育・療育　もくじ

第4章

親子の笑顔が広がる自治体づくり　147

第5章

国の制度の現状と課題　179

column

第1章

0歳児期から始まる子育て支援と療育

0歳児期から始まる、母子保健事業・子育て支援事業と連携した児童発達支援の取り組み

Section 1

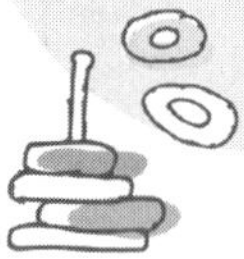

親子の笑顔があふれる子育てを目指す「あかちゃんひろば」

伊佐市は、鹿児島県の北部に位置し周囲を九州山地に囲まれた内陸盆地となっています。冬は「鹿児島県の北海道」と称されるほど寒く、その盆地特有の気候が伊佐米や焼酎、農畜産物を育んでいます。また、世界有数の高品位を誇る金を産出する菱刈鉱山があります。人口・出生数はともに減少傾向にあり、人口は２万４０００人弱（２０２３年３月末）、年間出生数はこの数年１３０～１５０人前後で推移しています。

当市は、１９９０年から行政が実施していた親子教室を経て、１９９７年に、保護者が中心となって療育の場が誕生したことにより、子どもに関わる関係者・関係機関との連携が深まり、検討を重ねる中で、子育て支援システムが構築されてきました。

1 あかちゃんひろばの誕生

伊佐市の切れ目のない子育て支援は、妊娠期から始まっています。妊娠時から気になる妊婦とその家族については、妊娠期の支援はもちろんですが、出産後の支援内容についても検討していきます。ここでは、出産後の支援について述べていきます。

出産後の事業に、「乳児家庭全戸訪問」がありますが、当市では、産後3か月までに産後うつを発症しやすいとの報告があることから、できるだけ早い時期に私たち保健師が訪問を行うようにしています。訪問時には、保護者が子どもの成長や関わり方に戸惑いや不安を感じていたり、子育て環境の希薄さや育児の経験不足、保護者自身のメンタルの不安定さや孤立を感じていたりする様子がうかがわれたりします。子育ては不安や負担を感じたりもしますが、もっと子育てを笑顔で楽しんでほしいのです。もっともっと子どもには、保護者から「心地よさ」を感じて笑顔になってほしいし、その笑顔に保護者は、うれしくて思わず笑顔を子どもに返してしまう、「心地よさ」と「笑顔」の循環をどのようにして生み出していけばいいのか、私たち支援者はいつも考えています。

私たち支援者は、保護者と早期につながり、子育て情報や子育て中の仲間や場を知ってもらいたいと、4か月児健診後に、発達支援を目的として「0歳児の親子教室」を子育て支援センター保育士と保健師で実施していました。しかし、近年は、発達に限らず、負担に感じる子育てではなく、子育てそのものを笑顔にしたいというねがいのもと、「もっと早く、誰もが気軽に参加できる教室にしたい」と検討を始めました。

その結果、現在では、健診後の発達支援だけでなく、誰でも気軽に安心して参加できる子育て支援として「あかちゃんひろば」が誕生し、2019年度から開催しています。

2　あかちゃんひろばの体制

❶グループ

あかちゃんひろばは、月齢や運動発達面の状況に応じて、①首がすわるまで、②ずりばいが始まるぐらいまで、③ずりばいやハイハイの3つのグループに分かれて実施しています（図参照）。

❷対象児・参加状況

生後1か月を過ぎたら誰でも参加できます。友達との参加や、保健師が勧奨して参加などいろいろですが、出生数に対して8割の親子が参加し、そのうち66％が4か月児健診以前に参加しています（2022年度実績）。

❸従事者

子育て支援センター保育士、保健師、研修として地域の幼稚園、保育園、認定こども園の保育士などにも参加してもらい、伊佐市全体の子育て支援の方向性や意識の共有化も大事にしています。

あそびのリーダーは子育て支援センターの保育士です。

0歳児親子教室の体制

	0歳児親子教室	11か月児育児相談以降
	あかちゃんひろば	すくすく教室
	①赤ちゃんマッサージ ②赤ちゃん体操 ③ハイハイ	①11か月～1歳5か月 ②1歳6か月～2歳まで
対象児	誰でも参加できる 来てほしい人には、積極的に勧奨する	
スタッフ	・子育て支援センター保育士（3～5人） ・幼稚園や保育園、認定こども園保育士（1～2人） ・保健師（2～3人） ・理学療法士、栄養士など（随時）	
あそびのリーダー	子育て支援センター	
開催頻度	各グループ月1回 ①2～3グループに編成 ②③は同日開催	①月2回 ②週1回

3 あかちゃんひろばの活動

❶事前カンファレンス

事前に、子育て支援センターのリーダー保育士があそびのプログラム作成とあそびの設定をしておきます。

従事者全員で、参加者が笑顔で子どもと遊べるように、前回を踏まえての配慮すべき対応や注意点、新規参加者の情報等を共有し、従事者の役割も確認します。この打ち合わせが、事後カンファレンスにつながっていきます。

❷ あそび

入室した親子に声をかけ、生活について話を聞きながら、みんながそろうまで自由に遊びます。「子どもが夜によく起きる」「寝返りしない」「体重が増えない」などの心配ごとが聞かれたりもします。

これらの心配ごとを念頭に置きながら、マッサージや体操などの親子ふれあいあそびに入っていきます。遊び始める時には、子どもと視線を合わせることや、声かけをしながら関わることが大事だということをしっかりと伝えています。わらべ歌や童謡などを歌いながらふれあうと、泣いていた子どもも、次第に心地よさを感じ、表情がゆるみ、お母さんにまなざしを向けていきます。

しっかりと心も身体もほぐれたところで、子ども自らの動きを引き出す、姿勢・運動への働きかけを行うあそびに入っていきます。容易に向きや姿勢を変えることができないにもかかわらず、大好きなお母さんが声をかけてくれるから、顔を見たいと首を持ち上げたり、向きを変えたり、寝返ろうとしたりします。子どもの自らの動き一つ一つをていねいに受け止めたり称賛したりする中で、喜びが子どもにも伝わり、共感が生まれます。

また、お母さんが見せてくれ、お母さんが変化させてくれることで、見たい、触りたいという思いから、子どもが手を伸ばしたり、触ってみたり、動かしてみたりするおもちゃでのあそびも取り入れています。

たっぷりと遊び、子どもはもちろん、お母さんも心地よくなったところで、最後は絵本の読み聞かせをみんなで楽しみます。

❸専門職の活用

定期的に理学療法士にも参加してもらい、運動機能面へのアプローチという視点だけではなく、親子が生活しやすくなるための視点で情報提供をしてもらいます。栄養士からも、離乳食のすすめ方等を指導してもらっています。

❹きょうだい児対応

未就園のきょうだい児がいる場合は、育児サポーターによる託児を行い、子どもと保護者がじっくりと向き合えるように、体制を整えています。

❺事後カンファレンス

終了後の従事者カンファレンスでは、事前カンファレンスで決めた各従事者それぞれの役割や、全体と個人の課題の結果確認を行います。あわせて、今後の方針までしっかりと立てています。この方針は、あかちゃんひろばの運営そのものと、一人一人への支援の両方です。早急に支援が必要な場合は、従事者の誰がいつまでに、どの専門職・機関につなぐのか、あるいはどのような確認をするのかを明確に役割分担します。月1回の開催ということもありますが、この事後カンファレンスが、ただの情報交換会に決してならないようにしています。

4 大切にしていること

あかちゃんひろばでは、保護者が子どもを愛おしく感じられること、子どもが保護者に関わってもらって心地よいと感じられることを最も大切にしています。そのために、親と子の笑顔を引き出し、親子が笑顔で向き合えるあそびを用意します。この時期、運動発達がめざましいため、保護者の関心は姿勢や運動の発達にのみ向きがちですが、最も大切なことは、子どもが大人を大好きになることだということを、あそびを通して、保護者が実感できるよう、あそびを提供する私たち支援者は常にスキルアップが求められています。

体が反っている赤ちゃん、うつ伏せが苦手な赤ちゃん、様々な過敏さをもつ赤ちゃんは少なくありません。ていねいな取り組みが必要な子どもが多いのも実情です。実際のあそびの中で、保護者が心地よくしてあげたいと願って働きかけた時に、子どもが心地よさを感じ、そこに共感が生まれ、子どもは親の笑顔を身体の心地よさと結び付けて、大人を大好きになっていくというつながりを、常に生み出していきたいと思っています。

終了後の茶話会も、保護者が子育ての主体者となっていくことを願って、毎回必ず実施しています。保護者同士が気軽に思いを出し合い、互いに気持ちを通い合わせられるよう、雰囲気づくりに配慮しています。無理に発言を求めず、聞くだけでもよいことを伝えています。日々の子育てで感じる疑問や悩み、わが子のことや、子育てへの思いが語られます。回を重ねるごとに徐々に自分から発言しようとしたり、本音を語ったりするなど、保護者の変化も見られています。時には涙して大変さを吐露される方もいて、保護者同士で共感し合う場面もあります。悩んでいるのは自分一人だけではないと感じ、子育てが前向きに変わっていくだけでなく、あかちゃんひろばを離れてもずっとつながり合っていく保護者集団が少しずつ形成されていきます。

5　参加者の声――参加者アンケートより

・外出が限られてくるので、安心して行ける場があり楽しく参加できた。（2か月児）
・子育ての悩みを気軽に相談しやすい。（5か月児）
・お母さん方の不安も聞けて、「ひとりじゃないんだ」と思えることはありがたい。（6か月児）
・まん丸抱っこを心がけてするようにしたら、体も柔らかくなったり、私でしか寝なかったりしたが、父親でも寝るようになった。（6か月児）
・知り合いもいない中、母子ともに圧倒されての初回だった。息子も表情硬く、私の膝から離れなかったが、アットホームな雰囲気の中、ていねいに関わっていただき、母子ともに安心することができた。私自身が安心し、子育てって楽しいなと感じることができた。（7か月児）
・他の保護者やスタッフが、子どもの成長を一緒に感じてくれてうれしかった。（11か月児）
・抱っこしてもなかなか泣き止まなかった。ひろばに参加して、ていねいに関わっていただけたことで、私自身も安心でき、子どもも泣かなくなり、遊べるようになった。子育ての大変さが軽減された。（11か月児）

6　これからの子育て支援

私たちは、「笑顔で楽しい子育てを」とのねがいで、関係機関や様々な職種の方々と意見交換等をしながら事業を展開しています。「あかちゃんひろば」では、早期からの関わりの中で、「支援する人、される人」ではなく、子どもを真ん中にして、子どもの育ちを一緒に考える大人同士になっていきます。保護者は、自分の気持ちや不安を発信しやすくなり、様々な支援者も子どもの状況や保護者の思いを互いに共通理解しやすくなったように思います。また、保護者同士のつながりもピアサポート的に機能していると感じています。子育て支援は、早期から、何も課題等が見当たらないうちから多くの方々とつながることの重要性を改めて感じています。

「あかちゃんひろば」は、0歳児のひろばです。生きていく上で土台となる人への信頼感を形成する大切な時期です。子どもは、保護者と一緒に遊ぶ中で、楽しさを伝えたい気持ちが育っていきます。そのことが、生活の中で自然と親子で向かい合って遊び、わが子をかわいい、愛おしいと感じられる希望の子育てへつながっていきます。だからこそ、支援者のあそびの中身づくりと、保護者との共通理解が重要です。一家族、一家族、状況や背景が異なる中で、毎回毎回、支援者のスキルが試されており、支援者にとって大きな宿題でもあります。

子育ては、決してたやすいものではありません。苦しいこと、悲しいこと、困ったことの連続です。しかし、そこだけを見るとつらく苦しいだけです。子どもとの生活に何かしらの喜びや楽しさを感じられるように、保護者と一緒に子育てを楽しみたいものです。私たち支援者は、保護者の話の裏に潜む声なき声に気づき、保護者が一人で抱え込まないように、保護者が自信をもった主体者となって子育てができるように、いつでもつながる支援者でありたいです。このつながりは、きっと私たち支援者をも成長させていくものだと思います。

一方で、子どもと親を取り巻く環境は、人口減少、核家族化、地域交流の希薄化、共働きの増加などの社会構造の変化に伴い、より密室化した子育てとなりがちで、家庭での子育てが難しい状況です。国は、こども家庭庁を創設し「こどもまんなか社会の実現」を目指していますが、保護者にしてみれば、子育ては待ったなしの状況です。だからこそ、地域の最前線の支援者は、子育ての主体者である保護者の支援が急務なのです。虐待などの子どもの事件は、対岸の火事ではありません。

子どもたちが自分自身で自分の未来を切り開いていくための土台である「あかちゃんひろば」。その支援の結果はすぐには出ませんが、私たち大人の未来にもつながっています。子どもが笑顔で安心して生活しやすいまちは、すべての人にとって居心地のよいまちです。子どもを真ん中にして、関係者だけでなく、地域で子どもを育てる土壌づくりも私たちの大きな課題です。乳児期だけでなく、幼児期から青年期まで、地域で子どもを見守っていけるように、すべてのライフステージを通した子育て支援の仕組みづくりも知恵を出し合っていきたいと思います。

松迫恵美（伊佐市役所こども課　保健師）

参考文献

近藤直子（2017）『子どものかわいさに出あう　乳幼児期の発達基礎講座』クリエイツかもがわ
近藤直子（2022）障害の早期発見・早期対応・子育て支援における発達保障、『障害者問題研究』第50巻2号、全国障害者問題研究会
山口雅子（2022）0歳児期からの親子療育、『障害者問題研究』第50巻2号、全国障害者問題研究会
小渕隆司（2010）『育ちあう発達相談　〝子どもの発見〟を手がかりに』かもがわ出版

column

親も子も安心の子育てを！

／内村琴美

息子は、もうすぐ4歳。2歳から療育に通っています。

私は、出産して1か月間は実家で過ごし、伊佐市に帰ってきました。昼間は2人の生活でしたが、息子はおとなしく、寝ていることが多かったので、今考えると、親にとっては育てやすい子どもでした。

2か月で保健師さんが訪問された時、慣れない土地で子育てを始めた私に、あかちゃんひろばを紹介してくださいました。

知り合いもいない中で、あかちゃんひろばに行くことは、少しドキドキでした。1日目は、親も子どもも周りに圧倒されてしまいましたが、アットホームな雰囲気の中、息子と向き合って、わらべ歌や手あそび歌、絵本の読み聞かせなどを経験することができました。また、発達や育児の悩み事を相談できました。息子のまなざしや呼吸に合わせたていねいな関わりやあやし方を教えてもらうだけでなく、私の働きかけに対して息子が返してくれる反応や笑顔で、私自身が安心し、子育てって楽しいなと感じることができました。表情が硬かった息子も少しずつ慣れてきて、笑顔も増えてきました。

あかちゃんひろばを経て、11か月児健診の時に保健師さんから、まだ、体の発達や言葉の発達もゆっくりだったため、親子教室をすすめられ、通うようになりました。特に体の発達がゆっくりで心配しましたが、親子教室に理学療法士の先生も入られる機会があり、そこで相談して、小児リハビリ外来にもつながりました。家での過ごし方の援助もいただき、ハイハイもしっかりできるようになり、1歳7か月で歩けるようにもなりました。発語も活発になって、笑顔も増えて、次の親子教室のグループにも親子ともに楽しく通いました。そして、2歳から親子の療育に通うことになりました。私は、療育に対してあまり知識もありませんでしたが、これまでの親子教室で息子が身体面だけではなく、内面も育ってきたという事実と、私自身も息子をより理解できるようになったという実感があり、子どもにとって間違いなくよい環境であると思い、またさらに成長することを期待して、療育に通うこともすんなり決めることができました。

もうすぐ4歳になる息子は、今では、たくさんおしゃべりして、活発になりました。かっこいい友達に憧れて、正義の味方になりきっています。友達のことも大好きです。不安げで今にも泣き出しそうな表情はなくなり、自信満々に笑顔を輝かせています。私の膝の上に座ったままで、片時も離れられず、他の子が楽しげに遊んでいる様子を、じっーと見ていたあの頃の姿からは想像もできません。

赤ちゃんの時から支援体制があることは、親にとってとてもありがたいです。あかちゃんひろばに行くと、同じような悩みをもつ他のお母さんの話を聞くことができ、自分だけではない、頑張ろう!と思えます。日々変化するわが子の成長を親だけではなく、保健師さん、子育て支援センターの先生、他のお母さん方が一緒になって喜んでくれ、子育てを一緒にしてもらえているという安心感がありました。

あかちゃんひろばで出会ったお母さんたちとは、今でもつながりがあり、子育てのことを相談し合っています。私にも仲間ができました。

これから子育てをするたくさんのお母さんたちが、どの町であっても、あかちゃんひろばのような場所に定期的に集えるようになれば、早い段階から、誰も孤独を感じることなく、安心して楽しい子育てができ、子どもたちもたくさんの笑顔に迎えられて、健やかに育ち合っていけるのではないでしょうか。

（保護者）

Section 2

大津市の1歳前半の親子教室

滋賀県大津市は、2009年に中核市となり、人口は約34万人、年間出生数は約2400人です（2023年4月現在）。南北に長い地形から、市内を7ブロックに分けて地域保健福祉活動を展開しています。

1 就学までの親子が集える場所

子育て総合支援センターは2006年に子育ての拠点として市中央部に開設されました。就学までの親子が集える場所であり、乳児期の親子に向けたふれあいタイムを取り入れたり、4か月～1歳3か月の対象児のうち、乳児期前半、乳児期後半と発達の時期に即して分けた乳児講座が開かれたりと、乳児期から親子が集いやすいように取り組んでいます。また、当センターでは、一般的な子育て支援の機能や役割を果たすばかりでなく、知的な遅れはあまり見られないものの、対人面や行動面等に何らかの支援を必要とする子ども（以下、要発達支援児）の療育教室も実施しています（要発達支援児への療育教室の経緯や詳細については、西原、2018参照）。この療育教室は2020年度の市立幼稚園の3年保育完全実施に伴い、より早期からの支援や切れ目のない支援を目指し、2・3歳児から2歳児中心となりました。当センターでは療育教室の他に、身近な地域で気軽に参加できる親子教室も実施していますが、2020年度より2歳児中心の親子教室（5か所）は2歳児の親子教室（3か所）と1歳児の親子教室（2か所）に改編して実施しています。なお、1歳9か月児健診後の1歳児の親子教室は、当センターでの2か所に加えて、市内でもう1か所実施しています。その後、2021年度からは、もう1か所増えて、現在は市内4か所となっています。

こうした療育教室や親子教室の中で、保育士や保健師、発達相談員は、乳児期から「育てにくさ」に悩みを抱えたり疲労を感じたりしてきた保護者と多く出会うことになりました。また、子育て総合支援センターを利用する親子からも、乳児期から「ミルクを飲まない」や「なかなか寝ない」といった食事や睡眠等で日々わが子との関わりに悩む保護者の声を聞いてきました。そこで、子育て総合支援センターでは「育てにくさ」を感じて発達や育児に不安を抱える乳児期後半の子どもをもつ親子を対象に、育ち合い広場「ゆめそだち」（以下、「ゆめそだち」）を2006年度末にモデル的に実施し、翌年より本格開始しました（別所・竹内、2016、西原、2018）。

2　「ゆめそだち」の位置づけ

「ゆめそだち」は1歳0か月～1歳4か月の子どもとその保護者を対象とした親子教室です。年間3クール実施し、1クール6回で、週1回、1時間半集まる広場です。身近な場所で参加できるように、子育て総合支援センターと市の保健福祉ブロックに即して6か所のつどいの広場で実施しています。つどいの広場には、児童館に併設されて市が運営しているものや、民間の保育園やNPO法人等に委託して運営しているものがあります。広場は、会場にもよりますが、6組から10組程度の親子が参加し、保育士2～3人で運営し、6回のうち1～2回は子育て総合支援センターの発達相談員も参加して子育て相談をしています。親子が「ゆめそだち」参加後も身近な地域の支援の場とつながりやすいように、子育て総合支援センターの保育士と各つどいの広場の保育士が一緒に運営しています。また、参加親子がその後もつながりをもって子育て仲間となるように、子育てサークルを立ち上げるサポートも行っています。

「ゆめそだち」への参加は、「夜泣きがひどくて…、食べてくれない…、人見知りがひどくて…、どう関わればよいかわからないなど、1歳のお誕生日を迎えて〝これでいいのかなぁ〟〝みんなどうしてるのかなぁ〟など子育てに不安を感じておられる家庭の方を対象に開催します。親子で遊びながらスタッフとともに悩みや思いを語り合い、みんなで育ち合いましょう」と広報で募集し、保護者がそれを見て申し込む手続きをとっています。申し込み時に、保護者の思いをていねいに聞くことで、より主体的に参加できるようにしています。広報での周知以外にも、子育て総合支援センターや各つどいの広場の利用者に、その場の子育て支援スタッフが紹介できるようにするとともに、10か月児健診後のフォローとして紹介できるよう乳幼児健診スタッフにも周知しています。実際は、10か月児健診やその後の相談において、保護者支援や子どもへの発達支援の目的で、保健師や発達相談員から紹介されて申し込みをする親子が多く、ここ数年は申し込み全体の約7割となっています（2023年4月現在）。年間約160組、在宅で過ごす親子のうち約8％にあたる親子が参加可能な親子教室であり、「ゆめそだち」は子育て支援事業として実施していますが、その役割としては、発達支援の意味合いも大きいものとなっています。

3 「ゆめそだち」をきっかけに地域に足を踏み出して

10か月児健診で案内されて「ゆめそだち」に参加したスミレちゃん親子。申し込みの時に、家でずっと過ごしていることや、地域の広場等に出かけたことがないことを話していました。1回目は親子ともに緊張もあって座った場所からあまり動かずに他の参加親子の様子を見て過ごすことが中心でした。2・3回目と回数を重ねると、スミレちゃんは場所に慣れて、興味のあるところに向かって積極的に動き回る姿が多く見られるようになりました。そのスミレちゃんの様子を離れた所から見守るお母さん。その時のお母さんの表情は、遊び始めたスミレちゃんの姿に一安心したものではなく、困っている様子がうかがえました。

保育士を囲んで子育ての悩みを保護者同士が語り合うトーキングの時間は、他のお母さんが日々の悩みを話す姿をうなずきながら静かに聞いていました。その回の終わり際に保育士がお母さんに声をかけると、「実は、動き回る子どもとどう遊べばよいのかわからないんです」と打ち明けてくれました。その悩みを受けて保育士は、次々と興味のあるところへスミレちゃんが動いているのは、実はどう遊べばよいかわからずにいるのかもしれないこと、その中でもお母さんの方を時折振り返って確認している姿があることを、実際のスミレちゃんの姿を通して、お母さんと一緒に見つけ、行動の向こうにあるつもりや意味を確かめ合っていきました。

最終回では、スミレちゃんが移動した先で、笑顔で一緒に遊ぶお母さんの姿がありました。参加してよかったこととして、「悩んでいるのは自分だけではないことを知ることができて不安な気持ちを出せた」「子どもが好きなあそびを見つけられた」と語っていました。そして、「ゆめそだち」終了後もつどいの広場に定期的に参加する親子の姿がありました。

10か月児健診をきっかけに「ゆめそだち」へ参加することを通して、地域に出る第一歩を踏み出すことができたスミレちゃん親子でした。他の保護者と語り合うことをきっかけに「悩んでいるのは自分だけではない」と共感し合えたことで、スミレちゃんのお母さんは自分から悩んでいることを発信できました。単発ではなく6回という回数を重ねる親子教室だからこそ、それぞれの子どもの姿や保護者の気持ちの変化にスタッフがより寄り添える支援ができると思います。子どもは歩行を獲得し、〝こうしたい〟とつもりをもち始めると、活動範囲が広がっていきます。この子どもの姿の変化に保護者は戸惑いを感じることもあります。「育てにくさ」を抱える親子であれば、その戸惑いはより大きなものとなります。「ゆめそだち」では教室でのスタッフの関わりや保護者同士の交流だけではなく、おたよりも用いて、子どもの育ちや関わり方、あそびの中で育てたいことについて、保護者が理解しやすいように、子どもと関わる上で「これでいいんだ」「そうしたらいいのか」と新たな発見をしながら子育ての楽しさを感じてほしいと取り組んでいます。「ゆめそだち」終了時のアンケートからも、「自分自身の抱えている悩みが減った」「悩みに対応する方法が知れた」「子どもが好きなあそびがよりわかるようになった」と感じている保護者がほとんどでした。

4 「ゆめそだち」から療育教室へ

10か月児健診でモノへの気持ちが強く、人とのやりとりが苦手なことが把握されたヒカルくん。お母さんもヒカルくんが乳児期前半から反りやすく抱っこしにくいことや、離乳食がなかなか進まなかったことで、ヒカルくんとやりとりをしている実感がなかなかもてない悩みを「ゆめそだち」申込み時に教えてくれました。「寝る前にインターネットやSNSで子育てや発達についての情報を調べてしまい、自分自身ができていないことに落ち込んだり、ヒカルくんがする一つ一つの行動が心配に結びついたりして不安が強まる一方だった」とトーキングの場で語っていました。

お気に入りのおもちゃで集中して遊ぶヒカルくんですが、トーキングの際に、お母さんがヒカルくんから少し離れると、すぐに気づいてお母さんの座っているところに戻ってきました。「こんな姿は見たことない」と驚くお母さん。ヒカルくんにとってお母さんは安心できる存在であり、お母さんのそばだからこそお気に入りのおもちゃで集中して遊べているのではないだろうかと保育士や発達相談員が伝えると、「一人だったらそんなふうに思えなかった。私のこと見てくれてるんですね」と少しほっとした表情になりました。繰り返し同じあそびを続けてきたことで、ヒカルくんも少しずつ違うおもちゃにも興味を示して自分の世界が広がったり、お気に入りのふれあいあそびが見つかってお母さんの関わりを期待する姿が出てきたりと楽しむ場面が増えていきました。最後の回でお母さんは、「不安が消えることはないけれど、ヒカルくんのかわいいところを見つけられた」と参加した感想を話していました。

ゆめそだち参加後、しばらくして各つどいの広場で年2回実施している発達相談員による子育て相談に自主的に申し込みがありました。ことばの成長がゆっくりである不安を出されたお母さんは、ヒカルくんが見ているものや触っているものに対して言葉をかけるようにしていると、お母さんなりに考えて関わりを工夫していることも話されました。「ゆめそだち」のように実際に子どもと関わりながら相談できる場を求めておられたので、地域担当保健師につなぎ、ヒカルくん親子は療育教室へ通うこととなりました。

インターネットで見聞きする情報をもとにヒカルくんの行動を見ていたお母さんでしたが、実際にヒカルくんがする行動を親子教室のスタッフとその場でじっくり見ながら、行動の背景にある思いを一緒に考えていくことができました。親子とともにスタッフも一緒にあそびや語り合う時間を共有するという実際の体験を通して、困っていることもかわいいと感じることも共感できることが親子教室のよさだと思います。6回の「ゆめそだち」は、そこで完結するものではなく、親子が子育て支援や発達支援につながるかけはしとなり、身近に相談できる場所を見つけたり、新たな発達支援の場につながったりすることにも大きな役割があると思います。そのためにも、乳幼児健診のスタッフや地域担当保健師等と連携しながら、柔軟にていねいに関わっていくことを今後も大切にして取り組んでいきたいです。

5　0歳前半児への支援に向けて

出生数が減り、早期から保育施設に入る子どもが増加する中、地域で過ごす親子はこれまで以上に少なく、また、保育施設に入園するにしてもそれまでの間、親子はますます孤立しやすい状況にあります。しかし、当市では1歳前半の親子を対象とした「ゆめそだち」は実施しているものの、それよりも前の月齢を対象とした0歳児の親子教室はなく、育てにくさを抱える親子により早期からの支援が届けられていません。子育て総合支援センターでは、2022年度末から、それまで対象としていなかった0～3か月を対象とした乳児講座をモデル的に開始しました。そこでは、ふれあいあそびを経験したことがなく、親子で楽しめるあそびや関わりを知りたいといった声や、子どもと二人きりで過ごす時間の中で、他の親子と交流して息抜きがしたかったという声がありました。健やか親子21(第2次)の重点課題①「育てにくさを感じる親に寄り添う支援」を具体的に解決する取り組みとしても、「育てにくさ」を抱える親子の悩みが増大していく前に、より早期の0歳児から、親子が集ってともに体験し、専門家に日々の子育ての悩みを気軽に相談することができ、悩みを共有し合える保護者とつながれる場が必要です。「育てにくさ」の背景にある子どもの発達的な課題について、専門家がそれぞれの子どもに合わせた関わりを早期から一緒に見つけていくことで、子どもが心地よいと感じる経験を積み重ねることができ、自分の世界を広げていこうとする力の育ちへとつながっていきます。親子が安心でき、ともに笑顔になるきっかけがつくれるような、0歳児の親子教室が身近に通える場所に充実していくことが望まれます。

参考資料
別所尚子・竹内未央（2016）「大津市における乳幼児健診と子育て支援」『障害者問題研究』第44巻2号、全国障害者問題研究会、114～119頁
西原睦子（2018）「子育て支援に位置づけた大津市の1歳前半の親子教室」『療育って何？ 親子に笑顔を届けて』、近藤直子・全国発達支援通園事業連絡会、クリエイツかもがわ、78～86頁
近藤直子（2015）『〝ステキ〟をみつける保育・療育・子育て』全障研出版部

土田彩織（大津市 子ども発達相談センター）

Section 3

0歳児期からの親子教室
子育ては仲間と楽しく喜びや安心感の中で

むぎのめ子ども発達支援センターりんく（以下、りんく）は、鹿児島市（人口約59万人、年間出生数約4700人）の北部（吉野地域）に位置しており、自然がまだまだ残る地域です。吉野地域は、宅地開発により、年々人口は増加傾向（4万9000人）にあり、子育て世帯も多く、児童発達支援センターが1か所、児童発達支援事業所が22か所あります。

1 早期療育を大切にして

りんくは、その前身である「鹿児島子ども療育センター」発足当初から（1984年～1993年まで無認可で運営）、「0歳からの療育の場を！」と理念に掲げ、1993年10月に心身障害児通園事業として認可されました。この頃、鹿児島市には2か所の通園施設しかなく、その上利用できるのは3歳以上の子どもが対象でした。ダウン症など早く障害がわかっても、親子を支える療育の場はありませんでした。1985年に、新聞記事やテレビニュースなどに〝療育センターが開設した〟と取り上げられたことで、〝早期療育の大切さや障害の有無にかかわらずすべての子どもたちに豊かな育ちを！〟〝親に安心の子育てを！〟というメッセージが県内各地の親や家族、関係者に届き始め、ダウン症など0歳段階の子どもを抱えた親が療育を受けさせたいと来所するケースが増えていきました。

そこで1987年に、0～2歳の親子を対象としたあそびを親子で楽しみ、親同士の交流もできる教室をつくろうと、地域の公民館を借りて「わんぱく教室（地域親子教室）」を開設しました。また、当時は1歳半健診や3歳児健診後のフォロー教室がなかったため、わんぱく教室のチラシを保健センターへ持っていき、「障害がある子どもや育児不安を抱えた親がいたら誘ってください（参加費無料）」と、親子の状況を一番近くで知っている保健師さんたちへの周知にも力を入れていきました。

ダウン症やてんかんなど0歳段階で教室につながる親子と、1歳半健診や3歳児健診で発達の遅れを指摘され保健センターから紹介されて参加する親子を合わせると、1回あたり12組前後の親子が、月2回集まってきました。わが子と遊ぶことが楽しいと思えることを計画し実践することはもちろんですが、親に子育ての仲間を保障していくということも大切にしてプログラムを組み立てました。自由あそびからはじまり、おはようのおあつまり、呼名、わらべうたあそび、季節のあそびや変化する素材あそび、水分補給しながらの感想交流・学びの時間、絵本の読み聞かせ、帰りの会という流れで行いました。子どもにとっては、親と一緒に楽しく遊ぶことで親を大好きになり愛着関係が深まっていきます。親にとっては、わが子と一緒に遊ぶことで子どもの心の動きや好きなことが見えてきて、わが子への愛おしさが育まれていきます。また、親たちには、感想交流の時間がとても有意義だったように思います。子どもと一緒に遊び、わが子が楽しそうにしていた場面を振り返り、わが子の姿から発見したことやうれしかったことなど話す中で、他の親たちから「ほんとね」など相槌を打ってもらったり「そうそう。今日はお返事の時手を挙げていたね」など、わが子のことをいっしょに喜んでくれたりする存在がいることで、ますますわが子への愛おしさを実感できるようでした。また、日常生活での子どもの気になることや育児の困り感なども泣いたり笑ったりして語り合いながら子どもへの理解が深まったり、頑張っている自分を受け止めてもらったりすることで、〝1人で頑張らなくてもいい、周りには仲間がいる〟という安心感を得られる貴重な時間でもあったようでした。

「わんぱく教室」が始まって1年後には鹿児島県下各地の保健所から親子教室への定期指導の依頼が相次ぎ、姶良（当時隼人保健所）、鹿児島市中央保健所、串木野市、伊佐市（旧大口市）、指宿市、志布志市、末吉町、吉田町の親子教室の支援に出向いていき、「わんぱく教室」で培った具体的な取り組み方や親子支援で大切にしたことなどを伝えていきました。この活動が、現在は各保健所の健診後のフォロー教室になっています。

1993年に心身障害児通園事業施設として法人認可を受けてからは、鹿児島子ども療育センターの施設内で「0～3歳の親子教室」を実施していきました。親たちは、水を怖がる子どもの姿やあそびの経験のなさから不安で泣く子の姿、生活を受け身で過ごしているわが子の姿を目の当たりにし、「もっと早期にていねいなあそびや関わり方を知りたかった。早期療育の大切さをわかったからこそ、早期療育システムを鹿児島市につくってほしい」と、市立病院の周産期医療センターの医師や関係者とともに行政に働きかけていきました。そこで、ついに2000年に「子どもすこやか安心ねっと事業～気がかりな段階から支援を～」を鹿児島市がスタートしていきます。2007年には、鹿児島子ども療育センターがある鹿児島市北部地域に北部保健センターが開設しました。そこで、第1回北部保健センター会議が開催され、「乳幼児健診は子育て支援のスタートライン。健診後の早期対応を。障害認定よりも具体的な親子への支援が必要。子育て支援のネットワークづくりが必要」と語られています。２００８年には、0歳から3歳までの親子療育を行う「子ども家庭センターみらい」（以下、みらい）を同法人が開設し、鹿児島子ども療育センターから3歳児以下の親子療育を独立させました。その頃は、0歳から3歳までの親子療育を専門に行う場はなかったため、北部保健センターでの健診後のフォローとして紹介されて入園につながるケースや市立病院の周産期医療センターからの紹介などで、開設すぐから12組の親子が入園してきました。

さらに、２０１７年4月に、鹿児島子ども療育センターは、療育の場と保育園が同一敷地内に併設する形で現在地に移転し、施設名称も「むぎのめ子ども発達支援センターりんく」となり、0歳から3歳までの親子教室はりんくで実施しています。

2　0歳児期の保護者の育児困難の共有のために保健センターとの意見交換会を開催

鹿児島市の乳幼児健診（3～4か月児健康診査、7～8か月児健康診査、1歳児健康診査）は、居住地域の保健センターの集団健診ではなく、医療機関委託のため、0歳児期の子どもの発達状況や保護者の育児不安を保健師が把握しにくい状況があります。

２０１９年10月、県内各地の保健所保健師や鹿児島市保健師の有志などに集まってもらい、意見交換会を開催しました。障害の有無にかかわらず、育児不安を抱え支援を求めている親子の実情を伝えるとともに、参加者からも身近な育児困難を抱えた親子の支援についての取り組みや実情を出してもらいました。改めて、妊娠・出産直後からの育児支援の必要性について考え合う場になりました。これをきっかけに、地域の保健センターで「赤ちゃん教室」（9組参加）を試行的に実施しました。その後、継続実施には至りませんでしたが、これを機に、支援が必要な赤ちゃん親子がいたら互いに連携し合う関係がつくられていきました。

3　2019年「赤ちゃん教室」を開設。きっかけは6名の赤ちゃん

２０１９年12月、りんくで自主事業「赤ちゃん教室」を開設しました。きっかけは、りんくとみらいの園児のきょうだい児で生後1か月から11か月の6名の赤ちゃんたちでした。〝抱っこから降ろすと泣く〟〝ミルクを飲まない〟〝11か月になったけどハイハイをしない〟〝離乳食が進まない〟などの相談が相次いでいました。また、「上の子の時、子どもの発達を気にしながらも療育につながったのは3歳過ぎだった。だからこそ下の子の赤ちゃん教室があるならぜひ参加したい」との声も聞かれました。

4　「赤ちゃん教室」の取り組み・内容

りんくの「赤ちゃん教室」は、保健センターとの試行を経て、２０１９年12月〜２０２０年1月に3回行いました。そのあと新型コロナウイルス感染症拡大のため約1年間中断を余儀なくされ、２０２０年12月に再開し、現在（２０２３年3月末）まで月2回（1回1時間半）開催しています。これまでの登録者は生後1か月〜1歳6か月までの赤ちゃん親子が総勢22組。1回あたりの参加者は最大6組、平均して3〜4組の親子が参加しています。スタッフはリーダー1名（保育士）とサブに保育士か作業療

法士どちらか1名が入ります。会場は、りんくの空き教室を利用しています。

❶「赤ちゃん教室」で大切にしたいこと──育児は、楽しく喜びの中で

心配や焦り、赤ちゃんの発達や育児への不安を抱えてやってくる親子。まずは何といっても「わが子のかわいさ」や「子どもとの関わりの楽しさ」を味わってほしいと思っています。そのためには、「お世話や語りかけや関わりが楽しくなる教室にしたい」と考え、「ふれあいマッサージ」と「あやしうたあそび」を活動の柱にしています。

❷「ふれあいマッサージ」や「あやしうたあそび」の活動

入室後、赤ちゃんに声をかけ、近況を聞いたり、体調記録表を記入してもらったりしながら、親子の状態（体調など）を観察し、みんながそろうまで自由あそび。全体で輪になって、あいさつをして始めます。

「ふれあいマッサージ」は、赤ちゃんへ優しく声をかけながら肌をなでてあげるふれあいの時間です。一番大切にしてほしいことは、赤ちゃんに〝今からするけどいいかな?〟と聞いてから行うことです。「赤ちゃんも急に触られるとびっくりします。まずは目をあわせて、優しい表情でワントーン高い声で『今からマッサージするね。いいかな?』と声をかけて、表情を確かめてから始めましょう」と伝えています。まずは、足から「あんよ、好き好き」と言い片足ずつ優しく手のひら全体でなでていき、マッサージを始め、童謡も歌いかけながらすすめていきます。「ふれあいマッサージ」から「あやしうたあそび」へとすすめ、顔に触れるあそびや「いないいないばあ」など親子の笑顔の向き合いが進んでいきます。「あやしうたあそび」に続けて次に、赤ちゃんを抱っこして立ってもらい、輪になってわらべうたを歌いながら歩いたり、歌の中に赤ちゃんの名前を入れてみんなで注目したり、みんなが見合えるような隊形で真ん中に集まったり離れたりなどの集団あそびへと展開していきます。その頃には、親子とも緊張がほぐれ笑顔もこぼれます。そのままの流れで、赤ちゃんの運動発達の状況をみて、ずりばい・寝返り・おすわり・四つ這い・立ち上がりからしゃがみ込みなどの運動あそびや、手を使った布あそびや音の鳴るおもちゃあそびなど感覚あそびもしていきます。「おあつまり」では、絵本を1～2冊読み聞かせをし、歌「～ちゃんはどこでしょう」で呼名をして、さようならをします。そのあとは授乳をしながら、保護者同士の自由交流となり、育児の心配ごとや経験談や工夫していることなど話が弾みます。

あそびには、季節のあそびも取り入れ、夏は水あそび、秋はお散歩や公園あそび、冬は凧揚げなども楽しみます。赤ちゃん親子にとって生まれて初めての季節に応じたあそびや地域を感じる時間です。これらの経験は親子の視野を広げ、自然と日常生活の豊かさにつながる後押しになっていきます。2022年度には、離乳食教室も月2回開催していきました。私たちは常に、目の前の親子にとって必要な支援をていねいにしていきたいと思っています。

また、目の前の親子以外にも、具体的な支援を必要としている親子はたくさんいて、困り感やSOSを出せずに孤独な中で子育てをしている親が大勢いるのではないかと思っています。りんくの親の会で、乳児期の子育てについてアンケートを実施した結果、「乳児期の子育ては不安だらけで本当に大変だった。赤ちゃん教室がどこの地域でも平等に開催されて、すべての親子が楽しく子育てをできるような場ができてほしい」という声があり「赤ちゃん教室」の開催は〝みんなのねがい〟となっています。この親の会は年1回「行政と語る会」を開催しており、母子保健課や子育て支援課や障害福祉課に「赤ちゃん教室」の必要性や実施の実現を求める活動に奮闘しています。

❸「赤ちゃん教室」で経験したことが自分らしい子育てへ

親は、言葉や知識ではイメージしにくい0歳児期の子どもとの関わり方を、「赤ちゃん教室」で具体的に体験し、「ふれあうこと」「あやすこと」の楽しさを実感していきます。赤ちゃんの気持ちよさそうな顔を見ながら気軽に家でも行ってもらいます。〝おむつを替えてあげたついでに〟〝赤ちゃんの機嫌のよい時に〟と、赤ちゃんと親のちょうどよいタイミングで気軽に「ふれあうこと」「あやすこと」を楽しんでもらいたいと思っています。このような日々の関わりを通して、親の赤ちゃんへの声かけや笑顔が、日常の中に取り込まれていきます。それが親自身の自分らしい子育てにつながっていきます。

私たちが大切にしていることは、子育ては、不安を抱えながらするのではなく、楽しんでほしいということです。だからこそ、安心や楽しさを味わうことができる0歳段階からの「赤ちゃん教室」を障害の有無にかかわらず、すべての親子に届けられるように、母子保健や子育て支援、保育所等や児童発達支援センターとがしっかりとつながり合って実現させていきたいと思います。特に、保健センターは、新生児訪問事業や第1子訪問事業、乳児家庭訪問事業などで出会った赤ちゃん親子に、「赤ちゃん教室」を開設したり、紹介もスムーズにできます。保育所や認定こども園等では、きょうだい児が通う育児休業中の乳児親子へ向けて、楽しい教室の実施も可能なのではないでしょうか。

地域に開かれた切れ目のない母子保健や子育て支援の充実を切に願っています。

5　「はじめのいっぽ」の支援を大切に

「どうして泣くの？」「なんでミルクを飲んでくれないの？」と不安を抱き、悩み、「子どもをかわいいと思えない」「私がうまく育てられないからダメなんだ」と自分を責めてしまったりする親は少なくありません。近隣と疎遠な子育て環境が進み、親にとって家庭での狭い向き合いの子育てでは、子育ての楽しさよりも大変さや不安の方が大きくなります。だからこそ、親子の誰もが通える「赤ちゃん教室」などが地域・社会に準備されてほしいと思います。教室に出かけて支援者や他の親子に出会い、子どもへのあやしかけやふれあいあそびを通して、〝子ども自身が、安心やぬくもりを感じて成長発達していく存在であり、子どもは生まれた瞬間から、意思・意欲をもった発達の主人公である〟（泣くのには理由がある）ということに親が気づいていきます。そして、親自身が子どもの気持ちやねがいに気づき、寄り添い、関わり、子どもの反応を見ながら、よりよい「ことばかけ」や「まなざし、表情、間合い」を学んでいきます。このようにして、子どもの人権を尊重した子育て観が自然に親の中に育っていきます。だからこそ、子育てのスタート時期の「はじめのいっぽ」の支援を大切にしたいと強く思います。

また、子育て支援の場は、関わるすべての人の発達保障の場でもあると考えます。親は仲間や支援者との出会いの中で「1人で頑張らなくてもいい」と気づきます。周囲にいる支援者や他の親の姿や様々な価値観、人間観に出会いながら、自分の価値観を見つめ直し、その転換もひきおこされていきます。そして親は「しつけなければ」「〜ねばならない」という「一方的な考えからのしつけや育児」（＝プレッシャー）から開放されていきます。自分の子育てを見つめ、よりよくありたいと願いながら、やがて自分自身の成長にも気づき、安心や自己肯定感（「私は私でいい」という気持ち）を得ていくのではないでしょうか。人間は、いくつになっても発達していく存在です。まさに、子育て支援の場は、障害の有無にかかわらず親も子もみんなが育ち合う〝共育ちの場〟です。

近年、子育て不安や悩みは、極めて大きくなっています。若年出産や家族の孤立化の中で、出産前に子どもと接したことがない親が増え、育児の心配ごとはネットに答えを求め、結果、情報に振り回されてしまいます。また、「子育ては家庭の責任」という自己責任論の強まりの中、人を頼りにできず、がんじがらめにされている親たち。だからこそ、親子で一緒に楽しく遊び、喜びや安心感の中で、わが子をより理解でき、「かわいい、いとおしい、うれしい、楽しい」と感じていけるような子育て支援の場として「0歳児期からの親子教室」を全国のどこの地域にも広げていきたいと思います。

山口雅子（鹿児島市 むぎのめ子ども発達支援センターりんく）

column

子育てで出会った療育を振り返って

／袴田のぞみ

2017年に長男を出産し、子どもの成長に喜びを感じて過ごしていました。地域との関わりは、子育て支援センターの催しものに参加したり、大型商業施設のキッズスペースで遊ぶのみでした。その頃、長男の多動やかんしゃくなど困り感が増えてきました。1歳半健診で発語の遅れを指摘され、自分の子育てがよくなかったのだろうかと自分を責めました。それと同時に子どもの将来を悲観し、ひどく落ち込みました。鹿児島市のすくすく親子教室（集団療育）に5回行きましたが、長男はじっとしておらず、窓から大好きな路面電車を見たり、好きなおもちゃで遊ぶなどしてほとんど参加できませんでした。また通っていた保育園ではお友達を引っ掻くことがあり、2歳4か月の時、知人の紹介でむぎのめ子ども支援センターりんくにつながり、約2年親子療育に参加しました。親子療育では、同じような悩みをもつお母さんたちとたくさん話し、先生にも悩みを相談して的確なアドバイスをいただきました。

今考えると、療育につながる前は同じような悩みをもつママ友もおらず、夫も仕事で帰りが遅く、さらに自分自身が療育という言葉も知らず、まさに〝孤育て〟であったと思います。療育につながっていなかったら、子どもはどうなっていただろうと不安になります。

親子療育では特別なことはしません。子ども、先生、親と四季を感じながら、春秋には土山、夏は水遊びなど精一杯泥だらけ、汗だらけになって遊ぶのみです。ですが、真剣に子どもと向き合い〝食べる〟〝寝る〟〝遊ぶ〟〝出す（排泄や自我）〟を安心、安全な場所で保障する。それだけで子どもは親が近くにいなくても、「ダイジョウブダヨ、ミテテネ！」と自信を身に付けて親のもとを離れていきます。その中で〝かっこいい自分〟になりたくて、給食の食器をみんなに配膳したり、配膳車を押して「ボクガ、ハコンデキタンダヨ！」と誇らしげに教室に入ってきます。ほめられるとうれしくて、すすんでお手伝いするようになります。

2019年生まれの次男は生後3か月まで健診でも異常なく、母乳で順調に育っていましたが、母乳の出が悪くなりミルクに切り替えたところ、飲まずに困っていました。また、首すわりも遅く、成長がゆっくりでした。長男が通っていたりんくに相談し、個別で赤ちゃん教室を開いてくださり、そこで悩みを相談したり、ベビーマッサージを行って成長を見守りました。長男の時は、成長がゆっくりなことにも気づけなかったですが、次男の時は一つ一つの小さな成長を見守り、応援してくださる先生がいたので心強かったです。当時は長男の親子療育もあり、家庭では家事育児に追われて次男とゆっくり過ごすことが難しかったですが、赤ちゃん教室の時間は母と子の幸せ時間で癒しになっていました。生後8か月からりんくのこあらグループ（0～1歳）に入り、他のお友達やお母さんたちと親子活動を始めました。

現在、3歳半の次男は3歳4か月の時に母子分離となり、登園の時は母の顔も見ずに一目散に先生やお友達のところへ走って行きます。自我拡大中で、「ボクガシタカッタ！」「ボクガイチバン！（にする！）」と母を困らせますが、それも愛おしいです。どんな自分も受けとめてくれる先生、親がいる中で、安心して〝自分〟を出せているのだと思います。

子どもも親も安心な居場所の優しい療育が、一人でも多くの療育を必要としている子どもたちに広がることを願っています。

（保護者）

Section 4

子どもの笑顔が育ち、家族を支える訪問保育の役割

都城市の２０２３年４月現在の現住人口は15万７５５４人で、出生数は２０２２年が１１７０人、妊娠届出数が２０２１年度で１２０１件です。

新生児訪問や乳児相談などで、かんしゃくがひどい・身体の緊張が強い等の子ども側に起因する育てにくさと、保護者側に起因する困難さが複合的に見られた場合で、かつ、小児科医から医学的な指摘がない子どもの場合、訪問保育の紹介を検討します。

子どもが就園等により訪問保育を卒業した後も、１歳６か月児健診等で発達に心配が残っていた時に、発達のフォローの方向性を考えるための教室（キッズランド教室）や障がい福祉課が実施するプレ療育の教室（ウルトラマン教室）でひかり園と再びつながることができるので、継続した支援が可能となっています。

（都城市保健センター　大泉由紀保健師さんより）

1 家族の願いから

子ども療育センターひかり園では、都城市独自の事業である療育支援事業の一環で訪問保育を行って

います。1980年ひかり園開園当初より、重症心身障害児の親御さんからの依頼もあり園独自に訪問保育に取り組んできました。今は、市の療育支援事業として行うことができています。

❶保健師さんとの連携

子どもの成長・発達、育児不安、家族のこと、保健師さんのところには様々な相談が入ってきます。赤ちゃん相談や、1歳半健診等でも、個別で相談をされるお母さん方がたくさんいらっしゃいます。お母さんの周りの協力環境や性格、子どもの発達の段階や、愛着形成の困難さなど、一人一人に寄り添いながら、どのような支援ができるかを考え、対応されています。療育の親子体験教室の紹介や、訪問保育のお話もその時にしてくださいます。子どもの発達を基本に、必要な支援を、必要な形で、実施できるように情報提供します。

❷保健師さんからのつなぎ

お宅の初回の訪問には、保健師さんと訪問担当保育士が一緒におうかがいして、お子さんの状態や、訪問保育の内容・今後の利用の仕方などを、保護者の方から、細かく面談していきます。保育士が、いきなり尋ねるのではなく、保健師さんがていねいに関わりをもってくださるので、親御さんは安心されている様子です。

2　訪問保育の始まり

利用の仕方としては、子どもさんの年齢（月齢）に応じて、週に1回、1時間程度で組み立てていきます。月齢の低いお子さんの時には30分強、4・5歳児ぐらいの時には1時間弱、就学前ぐらいになると、

1時間半程度に取り組み時間を延ばすなど、年齢に応じて調整します。取り組み（訪問保育）を開始する際に大事に考えているのは、この先の生活環境につながっていけることを念頭に置いています。おうかがいするのは、基本的には保育士2名です。1人の保育士がお母さんと話をし、もう1人が手あそび・ふれあいあそびを展開していきます。お母さんと一緒に活動することで、日常の中でのあそび・声かけなどが伝えられるようにしています。

訪問保育は、以前は重症心身障害や医療的ケアが必要で、病院か家のみでしか過ごす場がないといった子どもたちのために始めたことでした。現在も医療的ケアが必要で、外出が困難、集団生活の場に参加させるのに不安を抱えているなどで、家庭内での育児をしている方たちですが、医療的ケア児を受け入れている児童発達支援事業所も増えていて、通園での利用ができるようになりました。訪問保育を利用したい理由や動機は、変化してきているように思われます。

3 子どもの保育の場から子育て支援の場へ

お母さんの中には、「他県から嫁いで来た」「転勤で来た」など、周りに友人も知人もほとんどいないといった環境の中で子育てをされている方もおられました。子どもの成長に関わることとして、成長・発達に不安がある、関わり方がわからないなど、お母さんの悩みを前提に、お母さんフォローのために訪問させていただくこともあります。子どもを真ん中にし、様々な話をしながら、手あそび・ふれあいあそびを展開していきます。

4 医療的ケアの必要な太郎さん

心疾患があり、入退院を繰り返しながら過ごしている太郎さん。保健師さんからの依頼で訪問保育を開始しました。初めての面談時、保育士がファイルとペンを片手にお話を聞こうとすると、それまでおもちゃで遊んでいた太郎さんが、ソワソワ落ち着かなくなり、泣き声をあげ始めました。お母さんより、入院中、病室で看護師さんがいつも持っていたものと似ているからではないかとのことでした。保育の中でも、周りの様子をとてもよく観察していて、保育士が持参する、かごの中を覗き込み、何が出てくるかをとても楽しみにしている様子が見られました。病室で過ごしていたことが長く、人見知りが激しくて、小さい子の泣き声を聞くと泣き出すなどの様子が見られました。訪問保育に通うことと並行して、ベビーウルトラマン教室（1歳半ぐらいまでの子どもを対象に、あそび体験をしたり、育児の不安を話したり、気になっていることがあれば聞いたりする場）にも誘い、本当に小さな小集団（2～3組の親子）の中での活動ができるようにしていきました。回を重ねるごとに環境に慣れてきて、人も子どもの泣き声も、気にしない様子がうかがえました。最後の心臓の手術を受けるために、感染症等を警戒して、外部との接触をしないようにされている中、訪問保育は、感染対策をとりながら行かせていただきました。

手に触れたものは、つかんで投げ、積み上げた積み木は、手や足で振り払って崩していました。あそびが気に入ったものではないと、安全基地（母の膝の上）に顔を埋めて泣いて、年齢より少しゆっくりの発達を見せていましたが、関わりが増えていく中で、保育者とのコミュニケーションがとれるようになり、ある時はお母さんが代弁して意思を伝えてくださることも多くなり、表情で気持ちを表現し、行おうとしている様子が増えていきました。

無事に手術が終わり、回復された後に、しばらく訪問保育を継続しましたが、集団への関わり、体調の安定していること等を考慮に入れ、徐々に親子通園へと移行していきました。

5 就学までの時期を家庭で過ごしていた友介さん

疾患により、体力の維持が難しいことや、感染症予防などから、集団生活をおくることができず、自宅で家族と暮らしている友介さん。家族から相談があり、面談・訪問保育開始になりました。年中児後半の年齢、3歳前半は、保育園に通っておられましたが、病気発症のため退園することになりました。ほとんど集団との関わりはなく、たまに外出する時は、図書館での読み聞かせを楽しみにしているとのことでした。水分の摂取量や、食べられるものを増やせるように気を配るなど、日々生活の中で工夫を行いながら環境を整えておられましたが、病状によっては、入院が長期化することもありました。この年齢で、保護者と平日に家にいることが、なぜ？　どうして？　かわいそう！　など言われたりすることもあり、悲しい思いをされたとお話をされることもありました。

訪問開始時は、週1回1時間の保育にしていましたが、就学前の年には、週2回1時間半に、時間も回数も増やしていきました。車が門の前に停まると、玄関の前に出てきて、荷物を一緒に運んだり、部屋まで案内するように招き入れてくれたりしていました。小学校入学時、普通公立校への入学を希望されていたこともあり、生活のリズムを整えていくことを目的に、保育の時間を、午後に設定したり、時間を延ばしたりするなどの工夫をしました。1時間の時間配分を、静と動の活動に分け意識しながら取り入れていきました。近くの公園に出かけたり、散歩をしながら、通学路の交通ルールの確認をしたり、楽しい活動をしながら、小学校への期待やお友達との学校生活に対する期待が膨らむような関わりを行っていきました。疲れやすく、眠くなると不機嫌になることもありましたが、無理のないように少しずつ取り組むことで、午後の時間を気持ちよく過ごせる日が多くなっていきました。

気ままにトイレに行く・お茶を飲む・横になって寝る・お菓子を食べるなど、今まで友介さんの思いのままにできていたことに対して、保育の場面の中で、「伝えてからする」「したいことを言葉で伝えること」を目標にすすめていきました。家族は、表情やしぐさで、何がしたい・何が欲しいを読み取り、用意してくださっていましたが、自分から発信できる力を備えてほしいことを家族にも伝え、言葉での意志の伝え合いができるように、一緒に取り組むことができました。

家族とは、就学前相談を利用することで、通学するにあたっての気をつけてほしいことや、疾患に関する話を伝えられることなど、事前にできることがあると確認したりしながら、家族の就学に向けての不安を軽減できる方法を考えていきました。

6 周りに相談できる人がいないお母さんの子育て支援

子どもの言葉が不明瞭なので、療育の必要性やつなぎなどの支援を考えつつ訪問してほしいとの保健師さんからの依頼でおうかがいすることになりました。入ってみると、母子の関係、夫婦のあり様など、子どもの発達の土台に不安も見えてきました。対象児以外にきょうだいがいるので、一緒に保育に参加できるような内容を取り入れるようにしました。

3人目出産に伴い、長男は通園できる事業所に通園がはじまり、第1子への訪問保育は終了しました。出産後、第2子への保育継続の希望があること、お母さんの情緒面の不安が大きくなっていることなどから訪問保育を再開することになりました。訪問で家を訪ねると、テレビ（YouTube）を見ていることが多かったのですが、一緒に遊び始めると、おしゃべりをしてくれ、話を聞いて答えようとする姿を見せていました。なるべく家にある遊具を使って遊び、いろいろなあそび方が経験できるように工夫しました。訪問保育の振り返りの時間に、お母さんに感想を尋ねると、育児への不安・家族関係のことなど、話をしながら涙されることが少なくありませんでした。

第2子、第3子への保育を継続していく中で、やがて家族からの仕事復帰希望、第2子の保育園入園などが決まり訪問保育は終了に向かいましたが、一方では児童家庭支援センター、保健師、市の関係各課、保育園、児童発達支援事業所などの関係機関を交えての会議を開いて支えていきました。

7 子どもを真ん中にして

すべてのケースにおいて、保健師さんとの事前事後の連絡・報告を頻回に行うようにしています。密接に連携をとることで、次の事例へのつながりもできていくのではないかと思います。

これまで、様々な形で訪問保育を行ってきましたが、最近では、外国からの移住者で、お母さんと家で過ごしている幼児は、日本語があまり通じないといったケースがあり、成長・発達も気になりますが、生活環境を整えるところから関わっていかないといけないと思う家族もおられます。

保健師さんからの依頼は、子ども自身の成長・発達に合わせて、常に子どもと向き合い関わっている家族のケアも必要になっています。医療的ケアが必要で、外部との接触が少ない中でも、なんとか刺激を求め、成長・発達を促せるように関わりを求めている方もおられます。どの家庭も保健師さんや関係機関との連携があることがとても大切で、連携があるからこそ続いているのだと思います。訪問保育を利用したいと希望される方たちの変化に伴い、内容も変わってきているように感じます。子どもの成長・発達に寄り添っての保育は、当たり前のことですが、それに加えて、寝かしつける時の抱っこの仕方や、ミルク・母乳の飲ませ方、頭の形を整える寝かせ方などご存じだろうと思われるようなことも、一つ一つていねいに手を添えてお伝えしていくようにしています。

早期療育にあたっての親御さんへの寄り添い、地域資源との連携のあり方、子どもを真ん中にしつつ、一人一人に寄り添いながら、楽しく子育てをしてもらえるような訪問保育を、これからも目指していきたいと考えます。

岩屋奈津美（都城子ども療育センターひかり園）

第2章

1歳半健診から
1・2歳児療育、
そして保育所・幼稚園へ

自治体での1歳半健診後に始まる発達支援、
移行支援の取り組み

Section 1

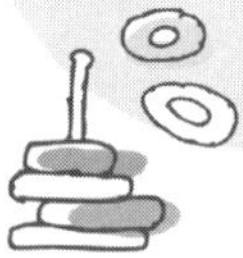

子どもの変化する姿がうれしい保健センター「親子教室」

発達センターあつた（以下、あつた）は、名古屋市熱田区にある児童発達支援センターで、熱田区・瑞穂区に住む、就学前の発達に遅れや不安のあるお子さんが通ってきています。園内には、1年中暖かいおひさまの日差しがいっぱい当たる園庭があります。思いっきり水あそびを楽しんだり、いっぱい走ったり、時には給食やおやつも食べたりなど、子どもたちのお気に入りの場所になっています。JR・名鉄の線路も近いため、いろいろな電車を見ることができます。

あつたでは、「発達支援」「家族支援」「地域支援」を大切に、日々の療育をすすめています。その中の「地域支援」である、地域の関係機関との連携、「親子教室」の役割について、まとめていきます。

1 「親子教室」の内容と位置づけ

❶ 親子教室へつながる経過

名古屋市では、保健センターで、3か月児・1歳6か月児・3歳児の3回、お子さんの成長の節目に健康診査を無料で行っています。この他にも、名古屋市と委託契約した医療機関等で、0歳の間に2回無料で健康診査を受けることができます。満1歳6か月を越えて2歳に達していない幼児の受診を目的とした、「1歳6か月児健康診査」を各区の保健センターで実施しており、お子さんの成長の節目に病気を早期に発見することや、育児でのお困りごとについて、相談を受ける機会としています（名古屋市HPより）。

私は、熱田区の親子教室へ、保育士として派遣で行っていました。熱田区の健診では、以下のような姿があった場合、熱田保健センター親子教室へとつなげています。

・1歳6か月健診にて、「言葉が出ない」「指さしがない」「かんしゃくがひどい」など、問診や親御さんからの聞き取りで状況を把握します。

・2歳になった時、再度アンケートや電話にて、今の状況を保健師が聞き取っています。発語、指さしがない、落ち着きがない、かんしゃくがひどいなどのわが子の姿や、親御さんが感じる発達や育児の不安を通して、その後学区の保健師が「親子教室」へと誘っています。

・熱田区の親子教室への参加は、最大6回。通う中で、名古屋市中央療育センターの初診や、いこいの家事業（「障害児の居場所づくり事業」を活用した親子療育事業で、各区において子育て支援拠点や児童館等で実施）、あつたで行っている療育グループ（わくわく教室）への参加につなげています。中には、親子教室で終了するケースもありますが、その後、保健師がお子さんの様子や、親御さんの不安を含め、フォローしています。

❷親子教室のプログラム

対象者：主には、1歳6か月健診において、発達が気になる子どもと親。また、育児不安の強い親。
スタッフ：保健師、臨床心理士、中央療育センター職員、あつた職員（親子教室の保育をすすめている）
取り組み内容：
からだを使ったあそび（滑り台・マット山）
感触あそび（新聞紙・お花紙ふらし）
机上のあそび（お絵描き・シール貼り・粘土）
なるべく内容が重ならないよう、振り分けられています。制作は、七夕、クリスマスといった季節に合わせたことも行っています。
主たる取り組み以外にも、「おはようの会」にて、シーツブランコやパラバルーンといったあそびもしています。
個別相談：保健師、臨床心理士が親御さんと一緒に、親子教室に参加してみての感想や、子育ての不安、悩みを、10〜15分ほど振り返っています。
個別相談にて、親御さんのニーズをもとに、保健師や臨床心理士より、中央療育センター、いこいの家事業、あつたの療育グループ（わくわく教室）へとつながっていきます。あつたの療育グループを希望された親子は、あつたの保育士が療育グループについて説明しています。

親子教室では、親子で一緒に遊び、楽しめることを大切にしています。参加者が集まる前、個別相談中は、おもちゃでの自由あそびの時間ですが、親子教室が始まると、その月の取り組みがあります。子どもの人数としては、5～6人の小集団ではありますが、保護者・スタッフの数を入れると集団も大きくなります。そのため、普段のお家の中とは違った姿が見られます。例えば次の通りです。

・集団の中に入ることへ不安を感じる子も多く、離れた場所から集団を見ている
・パーティションで区切られた隣の部屋へ移動する時、場が変わる不安から移動ができない
・広い部屋に入ることで、気持ちが落ち着かず、走り回る

家庭では、安心して過ごしている場のため、部屋が変わっても、子どもにとって矛盾は起こりにくいと感じます。家庭以外の場で、部屋が変わる、人が多い空間に行くなどの経験を通して、新たな姿の気づきにもなったり、その姿を見てより不安が強くなったりします。そのような目で見える姿だけでなく、「いつもと違うからドキドキするかな?」「広い部屋は走りたくなるよね」などと、内面の気持ちも、保護者とスタッフで共有し合い、わが子のことを知る機会になるよう、一緒に考え合うことを大切にしています。

2 わが子の弱さや診断を受け、関わり方を考えた——はるとくんのケース

2歳でつながってきたはるとくん。当時、有意語はなく、親子教室の部屋に来ると、床や壁の線を見て走っていました。お母さんが名前を呼んでも振り返ることがなく、関わり方も、動きを止めることが多かったです。印象的だったことは、お母さんがインターナショナルスクールの先生をしていたため、生活の中での指示語は、基本的に英語。おもちゃの片づけの時は「Clean Up!」、手洗いの時は「Wash Hands」と、はるとくんの後ろから伝えていましたが、その声は届いていませんでした。

親子教室に通いながら、週3回インターナショナルスクールに通い、日本語と英語の両方の環境下で過ごしていました。

親子教室の取り組みでは、お母さんが一緒に遊ぶより、あそび方を伝えることが多く、「楽しいね」といった情緒的な関わりも少なかったです。個別相談でも、なかなか困り感が出せず、お母さんの思いがわかりにくいと感じていました。

早い段階で中央療育センターへの予約をしました。あわせて、いこいの家と、あつたのわくわく教室を紹介されました。月1回の親子教室から、週1回定期的に通えるわくわく教室へつながり、安心して通える場を広げてきました。同世代の小集団であるわくわく教室に通う中で、はるとくんにとって、英語と日本語の両方の環境が、よい環境ではないという気づきにもなりました。また、中央療育センターの初診を受けたことも、はるとくんの発達がゆっくりなことを、お母さん自身が受け止めるきっかけとなりました。月1回の親子教室では、育児には困っていたと思いますが、〝何に、どう困っていたか？〟と、お母さん自身がわからなかったところもあります。週1回、わくわく教室に通い、はるとくんの姿を通して「こうだったかな？」「こう思っているのかな？」など、お母さんとスタッフで思いを共有し合う中で、少しずつお母さんからも、はるとくんのことや、子育ての悩みを打ち明けるようになりました。

あの頃を振り返った時、お母さんからは「本当に一番しんどい時だった。はるとくんも何を考えているかわからなかったから、どう関わったらよいだろう？　と思っていた。一番しんどい時に、保健センターの親子教室や、わくわく教室につながり、たくさん話を聞いてもらい、支えてもらった。通う場があることは安心できる」と話されました。お母さんが、悩みを話せる存在が広がったことと、わくわく教室に通っても、保健師さんとは電話や訪問でも定期的につながっていられることが、大きな支えになっていました。わが子の姿に、思いが揺れたり、不安が強くなったりする時期に、親子で安心して通える場があることは、保護者の気持ちの支えとしては、大きいものだと感じました。また、親子教室は、次の場に安心してつなげていくための、大事な場であると感じています。

3 しんどい思いもあったけど、たくさんの人に支えられた――れんくんのケース

同じく、2歳頃につながってきたれんくん。親子教室に初めて参加した日は、片手にバイキンマンのぬいぐるみ、片手におもちゃの柔らかい刀を持ってきた姿を、今でも覚えています。大事に抱えながら、目に入るおもちゃを、次から次へと触り、お母さんの存在は見えていないように感じました。お母さんの表情も暗く、れんくんの姿を見て、どうしたらよいかわからない様子でした。「先生から見て、うちの子は自閉症でしょうか？　いつも両手に何か持っているんです。取り上げると怒るんです」と、個別相談待ちの際、率直に聞かれました。当時、お母さんも何度もくり返しインターネットで調べ、大きな不安の中で過ごしていました。

中央療育センターの初診後、わが子に「言語発達遅滞」と診断がつき、当時は大きなショックを受けました。その足で保健センターへ行き、担当保健師さんの前でたくさん泣き、思いを受け止めてもらいました。親子教室の日ではなかったのですが、れんくんのお母さんが、その時に一番に頼りたいと思ったのが、今までの不安にも寄り添ってくれた保健師さんでした。

親子教室から、わくわく教室を紹介され、週1回通うことになりました。小集団で過ごすわが子を見

て、「ここでもれんは何もできない。みんなよりもできていない」と落ち込み、できないわが子を見るしんどさから、わくわく教室に通う意味もわからなくなった時期もありました。そういった不安な思いを抱えながらも、週1回わくわく教室に来ることで、お母さんの不安な思いを受け止め、ちょっとした変化も伝えてくれるスタッフに対して、安心できるようになりました。わくわく教室につながっても、定期的に訪問に来てくださった保健師さんの存在も大きく、どちらもれんくんの育ちをサポートし、お母さんの思いを受け止め、子育てを認めてくれることが、支えになっています。当時を振り返ったれんくんのお母さんは、「しんどい思いもしたけど、たくさんの人に支えてもらって、通ってよかったと思います」と話されました。

4 親子にとって、安心して通える場があること

今回、このレポートのお話をいただき、はるとくん、れんくんのお母さんに、改めて保健センターの親子教室に通っていた時期のことを聞きました。2人とも、「気持ちが一番しんどい時期だった」「個性なのか、障がいなのか。どう関わったらよいかわからなかった」と、その当時抱えていた思いを話されました。わが子への不安な気持ちが揺れ動く時期に、保健センターの親子教室に誘われ、最初は〝どんな場なのか？〟〝通うことで何か変わることがあるのか？〟など、期待や不安の中で通い始めていると思います。中には、強く不安を感じやすく、個別相談でも話される方もいます。そういった思いを抱え、月1回の親子教室に通い、あそびを通して、いろいろなわが子の姿を知ります。マイナスな面ばかりが目につきやすいですが、「こんなあそびも好きなんだ」「楽しそうだ」など、新たな姿を見つけられる機

会にもなっています。また、公園や室内のあそび場だと、順番がわからなかったり、手が出てしまうわが子に「すみません」と謝ってばかりになり、動きを止めてしまうため、思いっきり遊べず、外へ行くこともためらってしまう家庭もありました。月1回だけですが、子どもにとって楽しいことがある場で、安心してのびのびと遊べます。保護者にとっては子育ての悩みや、発達の不安を話せる場になっています。親子教室は、そういった場だけでなく、次の場へと安心してつないでいける場所にもなっています。発達に不安を抱える家族が孤立しないよう、親子教室という場は大切な育児支援の役割を果たしているように感じています。

尾藤菜摘（名古屋市 発達センターあつた）

Section 2

障害の診断抜きに利用する親子グループ療育

東部地域療育センターぽけっと(以下、ぽけっと)は、名古屋市からの委託を受け、2019年度から「初診前サポート事業」を開始しました。「初診前サポート」とは、医師の診察を受ける前からの発達支援や発達相談のことを指します。モデル事業として出発し、2020年7月から「地域支援・調整部」として職員数が増え、地域から必要とされる内容を模索しながら事業を展開しています。

1 初診前サポート事業の開始

名古屋市の療育システムの中で「初診前サポート」が必要になった背景には、主に2つの要因があります。1つは療育センターの「初診待機」が半年以上になったことが挙げられます。「相談がしたい」「子どもを療育に通わせたい」等の保護者の不安に「タイムリーに応えられない」ことが、ぽけっとが開始した2014年から程なくして常態化しました。名古屋市の地域療育センターは乳幼児期を対象としていますが、乳幼児にとって「半年間」はとても大きな時間です。長い期間「不安なこと」を相談する人がいないまま育児を続けると、大なり小なり保護者の精神的な健康にも影響が出てくることが懸念されます。お子さんへの支援や保護者の相談の開始時期を早める工夫として、「診察」から、「相談」「支援」として枠組みを広げた「初診前サポート」を開始することで、支援や相談を「ひとまず開始する」ことができるようになりました。

初診前サポートが必要になった2つめの要因としては、来所されるお子さんの状況や相談内容の多様化です。約30年前に名古屋市の地域療育センターがスタートした当初は、知的障害や自閉症、肢体不自由のお子さんが通うことを想定していました。しかし、30年の間に「発達に支援が必要なお子さん」という考え方が広がってきました。療育をすすめるにあたって、小児科や整形外科等の医療やリハビリ内容を踏まえることが必要なお子さんも一定数占めます。しかし、「かんしゃくをよく起こす」「落ち着きがない」「集団生活での切り替えがうまくいかない」など、行動やコミュニケーションについての相談内容は、ひとまず保育士や保健師、ケースワーカー、心理士、訓練士等が対応することもできます。ゆくゆくは診察や検査が必要になるケースもありますが、「かんしゃく」「切り替え」といったお子さんについての困りごとは、特別に訓練をしたり、お子さんだけの力を伸ばしたら解決する問題でもありません。お子さんが毎日過ごす環境を工夫したり、一緒に過ごす人がお子さんの気持ちに寄り添うことで、少しずつよい方向に変わっていくものと考えられます。初診前や初診を受けなくても、各職種ができることを模索しながら、保護者の方とお子さんを見守る環境をつくっていきたいと考えています。

1～2歳のお子さんへの「初診前サポート」は、実はぽけっとの前身である発達センターちよだの頃から、「療育グループ」として行っていました。地域に根差した発達支援を先駆けて実践してきた実績があり、それが名古屋市の制度の中で組み込まれるようになったことで、より一層の充実が必要とされています。「タイムリーに」「生活の中の工夫」という初診前サポートのキーワードは、1～2歳児の療育にまさしく求められていることだと言えます。相談内容やお子さんの発達状況は多様であっても、1～2歳の時期に親子療育で何が求められているのか、何が大切であるのかは、共通しています。今回は、それらの「求められていること」「大切にしたいこと」を療育グループに来所される親子への実践を通してまとめていきます。

2　「泣いてばかり、怒ってばかり」のあっくん

あっくんは療育グループ開始時1歳11か月でした。お母さんが保健センターの保健師さんに「毎日かんしゃくを起こしてばかり。ご飯も食べずに動画ばかり見たがる。夜も寝ないので、育児に疲れた」と相談し、東部地域療育センターぽけっとを紹介されました。あっくんの運動や言葉の発達に遅れが見られなかったため、保健師さんとしては、かんしゃくはあと少しの期間がピークではないかと考えました。2歳半頃まで様子を見ることや、地域の子育て広場に通うことを勧めたのですが、お母さんとしては「専門的な療育が受けたい」ということで、療育センターに相談や教室に行くことを希望されました。

電話受付から10日後に初回相談にお母さんとあっくんの2人で来所されました。育児が大変であることを涙ながらにお話しされながらも、動画ばかり見たがることや、寝ない食べないなどのあっくんの様子に触れ「発達障害ではないか?」「そうであれば〈早期療育が必要〉とネットに書いてあった」ことを相談されました。心理士がお母さんのお話をうかがいながら、来所時に保育士と遊んでいるあっくんの様子を見る限りでは、好きな乗り物あそびを通して保育士とキャッキャ笑いながら関わっており、工夫

次第ではあそびや人とコミュニケーションが広がっていくことが予測されました。帰り際に、「（もっと）遊びたい。かえりたくない！」とワーッと大きな声で怒り始めたあっくんですが、保育士とのあそびが楽しすぎたことと、1歳11か月という年齢では、まだ見通しをもつことが難しいのではないか？と思われました。しかし、いつまでも泣き続けるパワーのある第一子のあっくんと、毎日ほぼ1人で関わっておられるお母さんの苦労を共有、共感する場が必要と考え、療育グループを案内しました。お母さんは発達障害の診断も確認したく「初診」も希望されましたが、まずはグループに通ってからスタッフと一緒に初診の必要性や受ける時期を考えましょうとお伝えしました。

1週間後に療育グループを開始しました。週に1回から開始し、3か月ほどして2週間に1回のグループに移行しました。療育グループでは、まず親子で安心して通うことができるように、親子で楽しむ手あそびや親子あそび、感覚あそびや身体を使ったあそび、保護者とスタッフの懇談などを大切にしています。楽しいことを探すのが上手なあっくんは、グループのあそびをどれも楽しんでいましたが、次の活動に切り替える際や、帰り際にワーッと泣き叫ぶことが続きました。開始して1か月（4回参加）した頃に、担当スタッフはお母さんに、あそびを楽しむことのできるあっくんの姿に触れながら、「切り替え」の際にお母さんやスタッフがどう声をかけるとよいか話し合おうと声をかけました。お母さんは少し疲れた表情で「このグループは遊んでいるばかりで、あっくんの成長が見られない」と訴えました。あっくんを他のスタッフに任せて、担当スタッフがじっくりお母さんの話を聞くことにしました。

お母さんは「あっくんがかんしゃくを起こさなくなる療育をしてもらえるのかと思ったのに、私がどう工夫したらよいか考えましょうと言われ、腹が立った」「遊んでばかりだからあっくんのテンションが上がる。そのことがかんしゃくにつながるように感じる。テンションをなるべく上げないような活動をしてほしい」という気持ちをお話しされました。担当スタッフは、療育グループに対するお母さんの期待を受け止めつつ、あそびの中でのあっくんの素敵な姿だけに注目するのではなく、切り替えの際に見せるあっくんの難しさについても、お母さんからもっと情報を得なければならなかったことを反省しました。その上で、あっくんの「かんしゃく」は周りの人にとっては困ってしまう姿だけれども、「起こさないように治す」ものではなく、気持ちを表現することがまだ発展途上なので、表現手段を広げることを一緒に考えていきましょう、とお伝えしました。

今できることとして、3つほど案があるんですよと、担当スタッフはお母さんに提案してみました。

①あっくんが楽しんでいるあそびをスタッフもお母さんも楽しむこと。あそび終わりの際に「楽しかったね」と大人が共感すること

②あっくんが怒っている（かんしゃくを起こしている）際に、「〇〇もっとしたかったね」と代弁すること

③次の活動や、帰る際の行動を大人がやって見せることであっくんにわかりやすく示すこと

などです。提案の中で、②については「あっくんは大きな声を出して怒っているので、大人が代弁しても難しいのではないか」、③については、「あっくんから離れてモデルを見せるというと聞こえはよいが、あっくんを置いていくみたいでかわいそうではないか？」という意見がお母さんから出されました。②については「そうですよね～」と共感しつつ、③については「置いていく」のではなく、あっくんから少し距離を取って声をかける方が伝わりやすいこともあるのでは？ と提案しましたが、次のステッ

プにしましょうと話し合いました。スタッフが考える3つの提案すべてを、お母さんが受け身でやってみるのではなく、お母さんが自分の感覚に合うものを少しずつやっていきましょうということで懇談は終わりました。いろいろお話をしていく中で「なんで私がやらないといけないのか…」という不満はあまり話されなくなりました。

それからしばらくの間は、あっくんの帰り際のかんしゃくは続きました。お母さんは半信半疑の思いはありつつも、休まずに通い続けてくださいました。徐々にあっくんは泣き叫ぶだけでなく、「ママきらい、せんせいきらい」「ばあばんち、いく」など言葉で訴えるようになりました。帰り際に大人が関わるとかんしゃくになりますが、他の場面で友達におもちゃを取られた際には、かんしゃくを起こさず立ち尽くしていました。お母さんからは「人を見てかんしゃくを起こしているのかな？　大人は自分の気持ちを受け止めてくれることを理解しているみたい」と、あっくんの気持ちを想像する発言が増えてきました。あそびの間スタッフはあっくんと関わりつつ、お母さんも必ず巻き込むようにする中で、あっくんとお母さんだけで楽しく遊ぶ場面が増えました。帰る前に「じゃあ、絵本を1冊読んでから帰ろう」とお母さんが提案し、喜んで一緒に絵本を楽しんだあっくんは「もっと遊びたい～」と言いつつも、「また今度ね」とスタッフに言われ、バイバイをして帰っていくようになりました。

その後あっくんは、主張の強さは見られるものの、激しく泣き叫ぶかんしゃくは目立たなくなりました。お母さんは育児が楽しくなってきたものの、寝つきの悪さや、偏食など、まだ気になる点がいくつかあることについて「不安」をお話しされました。療育グループは、3か月後に週1から2週に1回の頻度に変わりました。学年が1歳児から2歳児になる際に、療育グループは終了になりました。3歳児

（年少）まではあと1年ありますが、お母さんは「幼稚園のプレ教室などに通って、友達と関わる機会を増やしていきます」とお話しされました。「初診」の希望を確認したところ、様子を見ながらお母さんの方から必要性を感じた際に、連絡をくださるということになりました。

3 1～2歳児の親子療育に求められていること、大切にしたいこと

あっくん親子への実践を通して、1～2歳児の療育で大切にしたい視点について以下の4点にまとめていきます。

❶タイムリーに支援を開始する

あっくんのお母さんは保健センターに相談した頃、育児にとても疲れていました。あっくんのかんしゃくは、1歳11か月という年齢を考えると、「イヤイヤ期ではないか」「言葉に遅れがないのなら、一過性のものではないか」という見方もあるかもしれません。客観的にみると、あっくんはそうかもしれませんが、「育児がつらい」「発達障害かもしれない」という思いで毎日を過ごすお母さんにとっては、これ以上1人で抱えるのはつらかったことでしょう。それはあっくん自身の発達にも影響してくることだったかもしれません。そう考えると、「親子療育」の対象を最初から狭くせずに、まず来ていただいてから、内容や継続期間を考えていくことが妥当であると言えます。

❷子どもの姿に発達的視点をもつ

あっくんは楽しいあそびを大人と楽しむことができ、言葉の発達も遅れがなさそうです。でも、いったんスイッチが入ると激しくかんしゃくを起こす姿を見ると、「何か心配がある子なのかな？」とお母さ

んが心配になったのは、スタッフもわからないわけではありませんでした。しかし、一見発達障害の特性のような行動も、年齢的にはよくある姿であったり、ずっとこの先固定的な姿ではなかった…という可能性を捉えていくことが大切です。発達障害の特性であったとしても、それは「治す」ものではなく、その子らしさを活かしながら生活しやすくなるような「工夫」をしていく視点を、大人がもちたいものです。

❸あそびや生活を大人と共有する

1～2歳児は生理的な基盤が整い始め、身体や感覚を使ってしっかり遊びこみながら、イメージの世界を広げていく時期です。明確な刺激を求めるあっくんは、家庭では「動画」にのめりこみましたが、療育グループの場では身体をしっかり使うあそびを楽しむことができました。「切り替えの悪さ」も、もっと遊びたい意欲の表れでは？　と捉え、大人がそれを一緒に共有することで、「もっともっと」と一方的に要求するものではなく、「一緒に区切り、また今度遊ぶ」と次へつながるものとなっていきました。食事や睡眠など、生活の中で気になることがあったとしても、大人が一緒に体験しながら子どもの世界を広げていく視点が求められていると言えます。

❹保護者の主体性を尊重し、「通過点」の役割として次の場につなげる

地域療育センターは親子が安心して発達の相談や支援を受ける場として、役割を果たしていきたいと考えています。しかし、ずっと保護者がヒントをもらえる場として固定してしまうのは、問題であると考えています。あっくんのお母さんは「どうしたらよいかわからない」と戸惑っておられたため、3つの案を出してみましたが、あくまでも「案」であり、あっくんに合うやり方はお母さんに委ねる視点を

「専門家」はもつことも必要です。もちろん1〜2歳児の時期は全面的に保護者に委ねる難しさもあるため、療育センターの職員は一緒に考えつつも、少しずつお母さんの育児の主体性に伴走する視点をもっていきたいものです。1〜2歳の時期に「誰かに相談しながらも自分で育児を担ってきた」という経験が、次の集団の場でも保護者が主体的に子どものことを考えたり、困った時には「誰かに相談してみよう」と思うことにつながるものと考えられます。幼児期も学童期もずっと伴走し続けることは難しいので、「通過点」として親子に適度なつながりをもっていくことが大切であろうと考えています。

成田民子（名古屋市 東部地域療育センターぽけっと）

Section 3

保護者とともに子どもを育む低年齢からの療育

大津市では、就学前の障害がある、あるいは発達支援を必要とする就学前の子どもたちに対して児童発達支援事業として療育を行っています。医師による診断は必要ではありませんが、受給者証を取得しての利用となっており、必要であれば0歳児から週2日あるいは週5日、10時から15時15分までの生活とあそびを軸にした療育を受けられます。

出産と同時に病気や障害が見つかるケースでは、現実を受けとめきれない思いと受けとめざるを得ない現実との間で見通しのもてない大きな不安を抱えておられることが多く見られます。また、命を守るために病院とのつながりが不可欠で、定期的にいくつもの病院、いくつもの科に通院し、理学療法などの訓練にも行かなければならない場合もあります。そして、何より子どもへの介助度も高いため心身ともに疲弊し、社会から孤立しておられます。そのようなタイミングで療育を紹介されると〝いろんな人と関われるならぜひ行って、いろんなことを聞いてみたい〟〝そんな楽しそうな場所があるなら通ってみたい〟と感じる方がいる一方、〝こんな子どもとどうやって遊ぶの？〟〝毎日が大変なのに、この上さらに療育にも通うの？〟と負担に感じられる方もいます。

また、健康に生まれて育ってきている子どもたちの中には、発達のゆっくりさや子どもが困っている状態に保護者が気づいていないことや、〝発達がゆっくりであるだけで、そのうち周りの子どもと同じように話せるようになるはず〟と思っておられることが多く、療育を勧められても「受給者証」「発達支援」「障害」という言葉に大きな抵抗感や療育へ通うということに対して不安感をもっておられる方も少なくありません。そのため、保護者の方にとって療育が利用しやすくなって少しでも早く支援に結びつくよう、また発達支援が必要な子どもの親子の居場所となるように、療育教室が実施している入園前の親子教室（「療育前早期対応親子教室」）や、子育て支援策に位置づけた親子教室（市独自の発達支援療育事業の一貫としての広場事業として実施。10か月児健診及び1歳9か月児健診後の事後フォロー教室）を開催しています。

1 子ども理解とつながりづくりの場

大津市で行っている「療育前早期対応親子教室」は、健診での相談時に、発達が気になる子どもや、いずれ療育に通った方が親子にとってよいだろうと判断された場合に紹介され、主に1歳児の親子が利用しています。相談のタイミングによっては、0歳児や2歳児の親子が通うこともあります。年18回という限られた回数の中での教室ですが、子どもにとっては保護者以外の大人と関わりをもったり好きなあそびを見つけたりする場となり、保護者にとっては子どもへの理解を深めてもらうための場であるとともに、悩みや育ちを共有できるつながりづくりの場でもあります。

今回は0歳児から3年間療育に通ったさっちゃんの事例と、1歳児で1年間療育前早期対応親子教室に通い療育につながったいくちゃん、あっちゃんの双子の事例から、低年齢からあそびと生活を大切にしている療育の役割と意味について考えたいと思います。

2　0歳児からつながる療育――子どもと親にとっての居場所づくり

さっちゃんはキアリ奇形があり、大きな手術を経て1歳半を過ぎた頃、0歳児で入園してきました。途中入所ということもあり、受け入れが可能でかつ親子ともに落ち着いて過ごせるクラスということで、5歳児、3歳児、2歳児の継続児が登園し、安定して過ごしている重症心身障害児のクラスに入ることになりました。

それまでは家の中でお母さんと2人きりで過ごしてきたため、環境の違いからさっちゃんは〝今から何をされるのだろう〟とばかりにお母さんに抱っこされながらじっと保育者の方を見ていて、保育者の声のトーンが少し大きくなるだけでも不安で泣いていました。お母さんもそうしたわが子の様子に緊張されていたのか、保育者が話しかけても表情が硬いままでした。週に2日親子で過ごし、さっちゃんにとってもお母さんにとっても居心地のよい場となるよう、保育者はゆったりじっくり関わり、さっちゃんが心地よいと感じられるものをお母さんと一緒に見つけた半年となりました。

そして2年目。発達がゆっくりである1歳児の子どもたちが複数人いたことから、さっちゃんにとっては安心できる場であるとともに、刺激を受け合って成長できるのではないか、お母さんにとっては子どもの育ちの中で共通するところを見つけやすいのではないかと考えたクラスで過ごすことになりました。安心できる大人との関係を改めて築いていくことからのスタートでしたが、週に2日、親子での療育をていねいに積み上げてきたことで、保育者との関係でも安心して過ごし、好きなあそびを見つけたり友達のいる雰囲気の心地よさを感じたりしていきました。さらに自分の思いをていねいに受けとめてもらうことで、〝これがすき〟〝これがしたい〟という気持ちも膨らんできました。また、その場にお母さんも参加されていることから、その時々の姿を捉えてタイムリーにさっちゃんの育ちを共有するとともに、「なぜ○○をしたのかな」「きっと○○したかったんだね」と一歩踏み込んでさっちゃんの内面を共有していったことで、〝介護が必要なさっちゃん〟〝よく泣いているさっちゃん〟ではなく〝○○が好きなさっちゃん〟〝○○がしたかったさっちゃん〟とより深くさっちゃんのことを理解し、お母さんが子どもとの関わりを純粋に楽しんでくださる1年となりました。

3年目は、週5日登園となり、お母さんから離れての登園が週に3日あるクラスになりました。単独での登園経験を積み重ねることで、保育者との関係が確かなものとなり、自分の思いを安心して表し〝自分でしたい〟〝これはしたくない〟など自分のつもりが明確になった1年となりました。また、お母さんとは別の自分の世界をもったことによって、友達の中でも自分の思いを表す頼もしさも出てきて、お母さんとは「さっちゃんのまだ見えていない側面がいろいろ見えてくるね」と育ちを共有していきました。療育を重ね変化していくさっちゃんとともに、2、3年先輩のお母さんたちとの交流会では子どもが療育教室を卒園して保育園で過ごす様子を聞く機会もあり、よりたくさんの友達の中で過ごす保育園での生活をイメージされていたように思います。

0歳児から約3年療育教室に通って卒園し、その後は地域の保育園に通ったさっちゃん。さっちゃん親子の姿を通して、まずはさっちゃんが安心して過ごせる場づくりが大切で、保護者にとっては社会から孤立しないよう、そして身近な相談場所となれることが大切であったと感じています。さっちゃんがお母さん以外の大人に甘えられるようになったことや、そのことを土台に、笑ったり泣いたり怒ったりしながら自分の思いをしっかり表せるようになったことは大きな変化であったと感じています。最初は介護や医療受診に一生懸命であったお母さんと保育者がさっちゃんの育ちを確かめ合ってきたことで、さっちゃんの姿を通して子どもとの関わりや子育てそのものを楽しんでくださる姿につながったように思います。また、療育で出会った同年齢の子どもの保護者とは横のつながりで、身近に同じ立場で悩みを相談し合えたり子どもたちの姿をともに笑い合えたりでき、異年齢の子どもの保護者とは縦のつながりでこれから先の子どもの生活を少しイメージできて、全く先が見えなかった不安から子育てに見通しをもち、一緒に相談できる仲間ができたことがお母さんの強みになったと感じています。

3　ゆっくり時間をかけて安心できる居場所づくりから療育へ
――子どもの育ちや保護者同士のつながりがお母さんのパワーに

双子のいくちゃん、あっちゃんは1歳9か月健診の頃にお母さんの不安が高まり、個別相談を実施しました。その際に紹介され、すすめられるままに療育前早期対応親子教室に参加されました。

2人とも新しい環境への不安と緊張が高く、お母さんが少しでも移動をすると泣き出し、1人が泣いたらそれにつられてもう1人も泣き出しと、常にお母さんにしがみつくように身体を寄せたり抱っこを求めたりしていました。お母さんも子どもたちが不安で泣くことをわかっているため、2人ともを両腕に抱え、子どもたちをなるべく不安にさせないように泣かさないようにと一生懸命に子どもたちに関わっておられました。

月に2日ほどの参加の中、子どもたちはお母さんと一緒に、砂あそびや探索して遊ぶ姿が増えてきた一方で、毎回泣きながら玄関に入ってくる姿は変わらず続いていましたが、それでもお母さんは〝子どもたちが少しでも楽しんでくれたら…〟との思いで、休まず参加されていました。

次年度をどう過ごすかについては地域の保健師や保健センターの発達相談員との相談になります。子どもたちにとって、家族にとってよりよい生活が送れるよう、スタッフは保護者の次年度への思いをキャッチし、子どもの育ちとともに保健師や発達相談員にその時々の親子の様子や保護者の思いを必要に応じて伝えています。新しい場や人に慣れるまでに時間がかかるいくちゃん、あっちゃんにとっては、スタッフも発達相談員も次々年度の幼稚園や保育園の入園を見通しながら1年間療育に通うことが望ましいと考えていました。また、慣れて安心できる環境の中では週2日の登園でも見通しをもって力を発揮して楽しめるのではないかと考えていました。お母さんは、いくちゃんやあっちゃんが教室に来て泣くことが減り、はしゃぐ姿が増えたことで、少しずつ楽しめるようになってきている実感はあるものの、実際に保健センターの発達相談員に療育を提案されたことから〝やっぱり発達がゆっくりなんだな〟と感じられた時には大きく動揺され、座談会の中で今後の不安を話されながら涙を流されたことがありました。その際に支えになったのが、同じ悩みをもって通っているほかのお母さんの存在でした。前向きに療育を利用したいと思っておられる保護者ばかりではなく、それぞれに不安を抱えておられる中で、先に療育に通うことを決められたお母さん2人が「大丈夫」「一緒に（療育に）通おう」とお母さんに言葉をかけ、寄り添いました。こうしてお母さん仲間に不安を受けとめてもらった後は、〝子どもたちがこれだけ安心して通えるようになったのだから、きっと楽しめるはず〟と少し期待もしながら療育に通うことを決められました。

次年度の2歳児では週に2日登園をするようになったいくちゃん、あっちゃん。療育前早期対応親子教室で使っていた部屋と同じ部屋であるものの周りの友達や保育者の違いから〝また、泣くことからのスタートだろうな〜〟〝お母さんもそんな子どもの姿を見て落ち込まれるのではないかな〜〟という私たち保育者の予想を超えて、緊張しながらも泣くことなくお母さんと一緒に〝ここ知っている〟〝このあそびもしたことある〟とばかりに楽しそうに過ごす姿が見られました。1か月ほどたち、週に2日登園のうちの1日の単独登園が始まる時にはもちろん泣いてお母さんを求める姿があったのですが、前年度つくってきた安心できる大人との関係を土台に、保育者に思いを受けとめてもらって甘える姿があり、何より〝これしたい〟〝これはいや〟との明確な自分の思いをもって過ごす姿にこの1年の育ちを感じました。

その後1年間療育に通い、大人との関係から友達への意識も出てきて、友達がいることを確かめながら一緒に走ったり、保育者に仲立ちしてもらいながら好きなままごとあそびの中で友達とつながったりする場面ができてきて、2人の世界だけではなく、友達がいるからこそのおもしろさも感じられるようになっていきました。

お母さんにとっては、最初は子どもと離れることが不安で仕方ない様子でしたが、離れて過ごしている子どもたちの実際の様子をドア越しに見たり、クラス懇談や個別懇談、発達相談の中で育ちを確かめ合ってきたりしてきたことで不安が解消され、また、様々な学習会や保育者との懇談会を通して、子どもの育つ力を信頼しようと気持ちを切り替えられたようでした。さらに単独での登園日があったことで、

1日リフレッシュして、また新鮮な気持ちで子どもたちに向き合えたこともお母さんにとっては大切であったように思います。

泣いている2人の子どもを連れて通うことは本当に大変だったと思いますが、〝子どものため〟との信念ばかりでなく、〝今回は楽しめるかな？〟と、気持ちを切り替え、どこか楽天的に物事を捉えられるところがお母さんの強みであったと感じています。その強さを発動するためには、療育を通じて子どもが育ち、その育ちを職員と共有してわが子のつもりを理解するようになったこととともに、子育てのしんどさや悩みを共有できるお母さん同士の関係が不可欠だったと思います。

4 親子の安心を支えて

乳幼児健診での相談で療育や療育前早期対応親子教室を紹介されると、〝あそび場が1つ増えるなら…〟〝通うことがしんどそう…〟〝子どもの育ちが心配なのでぜひ通いたい〟〝なんでそんなところに行かないといけないのだろう〟〝やっぱり発達が遅いってこと？〟など保護者の受け取り方は様々です。そのため、不安や緊張を抱えながら来られる保護者との最初の出会いは、まずは笑顔で温かく迎えたいと私たちは思っています。また、その日の教室が終わる時も「また来てね」と笑顔で送り出し、〝来てよかったな〟〝楽しかったな〟〝子どもも楽しそうだったな〟〝周りのお母さんたちも楽しそうにしていたな〟という思いをもって家路についてもらい、〝また行ってみよう〟との気持ちになって回数を重ねて来てもらうこと、それによって親子が安心して過ごせる居場所や関係をつくられることが私たちにできる支援の第一歩であると考えます。回数を重ねて来てもらい、子どもの姿を通して職員とのやりとりを重ね、より深く子どもの姿を捉え合うことが、保護者の深い思いにふれることや信頼関係を築くことにつながると感じています。

子どもの発達支援を行うところが『療育』ではありますが、子どもだけを見るのではなく、家庭的な背景や保護者の抱える思いや願いを含めての子育て支援という視点も大切であると思います。保護者と、子どもの困り感をともに探り、子どもへの関わりをともに考え、子どもの育ちをともに見守っていくことで、保護者を社会から孤立させないことが低年齢から療育を行う上でとても大切な役割となります。また、子どもにとっても、保護者にとってもともに育っていける場である療育、そして必要な人が必要な時につながれるような療育であり、療育前早期対応親子教室であることに大きな意味があると感じています。

藏貫裕子（大津市立東部子ども療育センターのびのび教室）

column

保護者の思い

／阪口　彩

現在8歳で養護学校に通う、知的重度と自閉症スペクトラムをもつ息子が大津市の療育教室にお世話になったのは1歳児の春からでした。

息子は1歳過ぎの頃から家族が声をかけても振り向かず、目にした物はゴミでも口に入れ、絶え間なくつま先立ちで動き回っている落ち着きのない子で、公園へ出かけようとしてもすぐ道路に飛び出してT字路をウロウロし、公園内では私を振り返りもせず延々とまっすぐ走り続けていました。ならば室内遊びをと育児サークルへ行くと、みんなが親子リトミックを楽しむ中で息子は用具入れの引き戸をずっと開け閉めしている状態でした。「ママ」だけ言えていた発語はある日急になくなり、私の手を引いてあれこれと要求していました。

その頃にたまたま足を運んだ市民センターの健康相談（学区保健師さんが実施。自由参加）で、会場の物置の引き戸を開け閉めしている息子を見た保健師さんに「育児で困っていませんか？」と声をかけられたのが、息子の障害を知り療育教室へ通うきっかけとなりました。

1歳9か月児健診後、市の保健センターの発達相談と小児科医による医療相談を受け、息子の知的障害と自閉症スペクトラムの可能性を指摘されると、知的障害・発達障害について無知な私たち夫婦は、6歳上の長男の時と同じ育て方ではうまくいかないということだけ漠然と理解しました。その場で療育教室を紹介された時は療育という存在も初耳でした。ただ、周りからの「大変なのは今だけだよ」という言葉だけの励ましとは違って、息子の様子を見てすぐに手を差し伸べてくれた保健師さんが勧めるのならきっと大丈夫だろうと、夫婦ですぐ入所を決意しました。

相談から帰宅して入所するまでの約2か月の間に、ネットや書籍で調べた息子の障害についての情報にショックを受けながらも、周りからどう思われるかを想像する心の余裕などなく、親子だけで抱えているこの状況から何としても抜け出したい一心で、教室に行くことがその一歩だと信じて春まで過ごしました。

春から始まった療育教室の月2回の親子教室では、息子以外にもいろんな発達の特性がある子をもつ親子が集まり、そこで活動する時は居場所を感じてうれしかったです。ただ、自宅や屋外で息子を追いかけまわす日常は一向に変わりませんでした。むしろ息子は体が成長してさらに体力をつけたために、私と過ごすだけでは発散できないストレスをため、たびたび夜に私の腕を泣きながら引っ掻く行動に出ました。私自身も真夏の炎天下で長時間道路に居座る息子に付き合うのに疲れ、親子で自宅に引きこもる日々が続き、教室へ相談したことで、秋から平日週5日通えるクラスに編入でき、それから1年半療育に通いました。

平日朝10時から15時まで療育教室で過ごせるようになった息子は、夜の引っ掻き行動が落ち着き、私も先生や同じクラスの保護者さんと遠慮なく育児の苦労話をしたり聞いたりできる時間が増え、ようやく親子ともに孤立感や閉塞感から抜け出せた気分でした。そのクラスに入れなければ、当時は息子が通う予定だった地元の幼稚園の2年保育まで、2年間自宅での育児のはずでしたから、あのタイミングで療育教室に入れたことに感謝しています。

当時を思い返すと、もともとあった息子の偏食がさらに強くなって、極端な栄養状態の時に週5日登園がかなったことも運がよかったと思います。息子の食事内容を毎日連絡帳などで教室と共有しながら、日々の栄養状態をみて、息子が病院に受診する必要があるかを相談できることが夫婦にとって安心でした。さらにクラスでのクッキングでは、家で食べないメニューを息子が進んで口に入れることが増えていて、その理由について「教室にはいつも家で食べている好きなご飯はないとわかっているから、知らない食材に挑戦しようと思えるのではないか」と先生から聞いたことで、自宅の外だからこそ息子が成長できる機会があるのだと実感しました。息子の新しい食材への挑戦は、その後教室を卒業して保育園の3歳児クラスに入園した後も給食場面で見られ、現在養護学校では給食を牛乳以外完食している日がほとんどです。

教室では意外と座学的な学習会は少なく、息子が先生たちと遊んでいるあそびの療育的な狙いについては、主に年数回の発達相談の時に話し合う流れでした。子どもの発達段階について、長男の育児経験しかもち合わせていなかった私は、通い始めた当初は先生たちが息子と笑顔で関わってくれることにとても感謝しつつも、そのやりとりがどう息子の成長につながるのかはわからないまま通い、親子登園で付き添っていた時も息子のそばで親として何をすべきか自信がなかったです。考えもなくただ一緒に遊んで帰ってきてしまったことに後悔したり、なんとなく先生たちを真似して息子に接したりしていて、この状態でいいのか不安を覚える日もありました。

通い出して数か月した頃、同じクラスの子の言語訓練の話を聞いた私が、「息子はいつ言葉の訓練を始めたらいいか」と先生に相談した時に、「まず息子さんは人に興味をもつことが最優先で、言葉はまず相手に興味をもたないと育たない」とずばり指摘されたことで、ようやく息子の療育の目標を理解できました。人に関心をもって、人との関わりを好きになることから息子のコミュニケーションの成長が始まるのだとわかると、先生と息子の関わり方の意味が自分で想像できるようになり、親子登園の時間がただの付き添いでなくなった充足感がありました。そして、息子が初めて自分から先生をあそびに誘った瞬間を教室で目にした時、息子が目指す成長に一歩近いたのだとすぐ理解して喜べました。

現在、息子は好きな言葉を聞いたら真似をして口に出す日が少しずつ増えています。そこから意味を伴った会話ができるまで成長したら、もちろん親としてうれしいですが、会話はあくまでコミュニケーションの手段の1つとして受け止め、たとえ今後できなくても、今のように伝えたい相手の手を引いたり、絵カードを使ったりして、人に自分の気持ちを伝えようと息子が思ってくれるのが一番だと、今の私は考えています。

その考え方は間違いなく教室で過ごした1年半の経験から生まれ、教室を卒業した後の息子の成長を見ながら私自身の中で育ってきたものです。

息子が幼児の頃から抱える多動・異食・つま先歩き、聴覚過敏のパニックなど、書ききれていない生活面の課題はたくさんあります。そこに「人と関わるのが嫌い」という課題だけはないことが、息子が療育教室で大切にされて過ごしてきた証であり、かつて家に閉じこもっていた私たち親子の支えにもなっています。

（保護者）

Section 4

3歳での進路選択と進路先へのサポート

保育所・幼稚園の選択と支援

1 子どもの願いを真ん中にして

「子どもが毎日、〝たのしい！〟と感じて過ごせる場所を考えよう」これは、大津市にある3か所の公立の児童発達支援施設（以下、療育教室）から保育所・幼稚園への進路を選択する際に、保護者と支援者が子どもの姿を真ん中に置いて、ともに考えるために大切にしている視点です。大津市では、就学までの発達支援は、「障害乳幼児対策・大津・１９７５年方式」、いわゆる大津方式をもとに行っていますが、療育教室での1、2歳児への早期療育に続く発達支援は、その後入園する保育所・幼稚園に引き継がれます。１９７３年に障害児保育を制度化し、就労要件はなくとも発達支援の必要性から、入園を希望するすべての障害のある子どもの保育所・幼稚園への入園をこれまで実現してきており、身体障害をもつ子どもや医療的ケアが必要な子どもの受け入れも、その子どもの保育の必要性に応じて関係機関と連携しながら実施してきました。そのため、1、2歳児で療育教室を利用した親子の多くが、3歳児から保育所・幼稚園を選択しています。特に、２０１７年から順次開始した公立幼稚園での3年保育、幼児教育の無償化に伴って、その傾向が顕著になっています。

大津市の公立の3つの療育教室では、次の進路を選択するにあたり、次の3点を基本として支援をしています。

❶子どもの成長・発達と障害、今後の見通しを保護者と確かめながら、どのような生活の仕方がわが子に合うのか考える

まず、保育所・幼稚園の選択にあたり考えたいのが、子どもの発達や障害の状況と今後の見通しです。本来ならば子どもに選択する権利がありますが、この時期、子どもは、自分自身で選択することが難しいため、発達的視点から子どもの姿を捉え、子どものねがいはどのようなことなのかを考え、今後、子どもが主体的に過ごせる場所はどういった場所なのかを子どもに代わって保護者が考えていきます。例えば、大人との関係、友達との関係など、どのように人との関係を結ぼうとしているのか、あそびや生活において、どのように主体性を発揮しているのか考えます。安心できる大人との関係を築くことができており、友達のしていることはまだ一緒にはしていないけれどもよく見ている、今後は、〝一緒にしたい〟という思いが育ってくるのではないか、といったことです。このような子どものねがいは、また、食べること、寝ることなど、生活に関わることへの課題についても、保護者と一緒に捉えていきます。保育所と幼稚園では、生活の仕方やあそびの保障の仕方が異なるため、子どものねがいと生活を通して支援したいことを捉えることで、子どもが保育所や幼稚園でどのような過ごし方をするのか、保護者と具体的なイメージを共有していきます。なお、医療的ケアやてんかん発作など、医療面で配慮が必要な場合は、その視点でも考えていきます。

❷ 次年度の進路ばかりでなく、子どもの少し先の将来の見通しをもって考える

来年の過ごし方を考えるのではなく、就学まで、もしくは就学後のことも視野に入れながら考えることも大切にしています。例えば、就学後の生活をイメージして、子どもが地域の保育所や幼稚園で、地域の子どもたちとどのように過ごしてほしいのかといった視点です。

❸ 保護者の希望、生活設計、主体的条件、家庭状況、地域特性を考慮しつつ、保護者が主体的に納得して選択していけるようにする

子どもの発達や障害、子どものねがいなど、子どもが主体的に過ごすことができる場所を考えることは大切ですが、同じように保護者自身のねがいを考えていくことも大切にしています。進路面談の際には、これまでの保護者の子育てや自身の経験からの子どもの過ごし方へのねがいについて、まずていねいに耳を傾けています。保護者がなぜその考えに至ったのかを聴くことによって、これまで把握していなかった家庭状況や本当に困っていること、子どもの発達に関わる不安や葛藤など、保護者が置かれた状況や、子どもの成長・発達へのねがいがより明確に見えてきます。時には、生まれた時のことや乳児期の子育てのことから話が始まることもありますが、保護者がどのような背景をもって子育てをしているのか、より理解を深めた上で進路について話すことにつながっています。子どものねがいや発達と保護者のねがいとの間でズレがある場合も、保護者の様々な思いに耳を傾けた上で、子どもにとって大切にしたい視点を伝えることで、保護者自身が自分の思いと向き合いながらも、子どものねがいを軸にした進路選択につながっていくことが大切です。支援者の思いと一致しない状況であっても、ともに子どものこれからの育ちについて考え合ったこと、その上で保護者が主体的に次の進路を選択できたと思えるよう、話し合いを重ねています。

その他にも、進路選択を機に母が就労を希望している、育児休業中で就学までに職場に復帰する予定があるなど、保護者自身の生活を考える支援も重要です。近年は、就労希望が増えており、それも考慮して検討する場合が多くなってきています。また、保護者が無理なく就学まで通える環境を考えることも大切で、園への通園手段、すでに兄姉が保育所・幼稚園に在籍している、今後、進路を検討する必要がある弟妹がいるなど、対象となる子ども以外のきょうだいの過ごし方も考慮が必要です。さらに、地域によって園の数や園児数などの状況が異なるため、地域特性も考える必要もあります。このような点についても、一つずつ検討しておくことで、就園後も、新たな場所で、親子で主体的に安心して過ごすことにつながっていきます。特に、保育所については、市全体として希望者が多く、希望順位が高くない園に決定する場合がありますが、様々な視点を踏まえて保護者が選択したことが支えになっています。

進路選択に向けての具体的な支援プログラムは、次の通りです。

「卒園児保護者と語る会」…療育教室を卒園した保護者から、進路選択時の考え、実際の進路先での様子など、実体験を聞く会。クラス単位など、小グループで実施し、保護者が卒園児の保護者をより身近に感じ、質問や交流がしやすい会を目指しています。

「就園集団指導」…進路選択にあたって大切にしたい視点、保育所・認定こども園・幼稚園のそれぞれの特色や保育内容について学ぶ機会となっています。学習会の開催にあたっては、保育所・幼稚園の関係課の職員の協力を得ています。

「園見学」…通園可能な範囲の保育所・認定こども園・幼稚園の見学を行い、各園にて実際の園の様子について知る機会を提供しています。見学に際しては、療育教室が園と連携し、見学日を設定し、希望する園に保護者は集団で見学に行きます。

「進路面談」…保育者との個別懇談や発達相談（各療育教室に発達相談員を1名配置）において、親子にとって適切な進路決定となるよう、話し合う場をもちます。

「園との引き継ぎ」…就園する園が決定した後、就園する園から各療育教室に来園していただき、療育場面での実際の子どもの様子を見てもらう機会を設けて、引き継ぎ会を実施しています。また、保育士、保健師・看護師、発達相談員、場合によっては理学療法士や作業療法士がそれぞれ引き継ぎ書を作成し、各園と共有しています。

「卒園後についてのオリエンテーション」…卒園後の支援体制について、それぞれの進路先に合わせ、保護者に案内しています。

2 園全体で取り組む切れ目のない支援

また、保護者向けのプログラムと並行して、各療育教室においては「進路委員会」を立ち上げ、療育教室全体で一人一人の子どもと保護者、家庭の状況等を確認し、支援の方向性について話し合った上で、各担当が進路相談にあたっています。さらに、保育所・幼稚園での支援や加配の配置等を検討する関係機関会議において、発達支援を必要とする状況について発信し、支援の方向性について関係機関と協議を行っています。特に、保育所・幼稚園への巡回相談（発達相談や家庭相談等）が実施されるため、巡回相談担当者への引き継ぎもていねいに実施し、切れ目のない支援ができるよう、各園や関係機関との連携をていねいに実施しています。

そして、子どもも保護者も新たな環境に慣れ、人間関係をつくっていくにあたって不安をもち、揺れやすい卒園後の支援も行っています。

「卒園児訪問」…就園後、療育教室での担任保育士が園を訪問し、子どもの様子を見て、担任との懇談を行います。

「おかえりなさいの会」…就園後、療育教室に集まり、近況を語り合う機会をつくっています。保護者から心配なことなどの相談があれば、関係機関と連携しています。

「卒園児親の会」…公立療育教室の卒園児の保護者が自主的に卒園児親の会を地域ごとに運営しています。地域によっては、療育教室を利用せずに保育所・幼稚園の発達支援につながった子どもの保護者にも門戸を開いています。

「保育所等訪問支援事業」…肢体不自由児や医療的ケアを必要とする子どもたちなど、ていねいな移行支援を必要とする子どもについては、保育所等訪問支援事業を実施しています。他にも、発達の遅れや自閉スペクトラム症の子どもについても、保護者が園での過ごし方に不安を感じている場合にも実施しています。園で子どもがどのように過ごしているのか、保護者が定期的に知る機会となり、安心して通うことにつながっています。

3　進路選択の取り組みを通しての課題

保育所・幼稚園への進路選択は、単に通える園を探すのではなく、子どもの生活やあそびをまるごと捉え、その子どもが発達する権利を保障できる場所を保護者とともに考え、保護者が子どもに代わって、子どものねがいを軸に主体的に選び、次の支援へとつなげる営みです。また、子どもの発達を保障することだけを考えるのではなく、保護者の子育てを振り返り、子どもの成長へのねがいを汲み取っていくことで、その親子への理解を深める機会にもなっています。保護者が納得できる進路選択ができるまで、何度も個別懇談や発達相談員との面談を行う場合もありますが、最終的な方向性を決める頃には保護者が次の進路へのねがいを前向きにもつことにつながるように心がけています。逆に、就労やきょうだいの在籍などの条件が前提となった場合には、進路の方向性は決まりやすい反面、子どもの育ちへのねがいを職員と深めきれないまま、就園に至る場合もあります。ほとんどの保護者は、子どもの支援の必要性は理解していることを考えると、進路決定において保護者と深めていく必要があるのは、就園した園で育ってほしい姿、楽しんでほしいことなど、その子らしく育っていくことへの保護者のねがいではないかと感じます。子どもの支援者と育ちへのねがいを共有し、一歩進む経験をすることが、就園後に園の先生と子どもの姿を共有すること、また、就学時にその子に合った選択ができる力へとつながっていきます。療育教室の利用や進路についてともに考え合ったことが、親子にとっての土台となっていくような支援を職員が連携しながらすすめていくことが求められます。

なお、大津市では、療育利用に際して、療育手帳の取得や医学的診断を受けることは必須としておらず、保健センターでの発達相談において、発達支援の必要性を判断されていますが、就園を機に、「受けた方がよいのか?」という質問が保護者から寄せられる場合があります。保育所・幼稚園での発達支援において、必須ではないことを伝えた上で、今の親子にとってどのような意味があるのかを伝え、保護者が選択することを尊重しています。他の自治体に比べて、発達支援のシステムを利用するハードルが低い反面、SNS等での情報にふれることが多くなった現在、わが子にとっての必要性を考えるのは当然の姿といえます。進路選択と同様、保護者が療育手帳や診断を通して、子どもの発達状況を捉えようとしているのか、その内容に寄り添っていくことが必要だと感じています。

また、近年の療育教室の在籍児は、公立幼稚園の3歳児保育が整備されたこと、幼児教育の無償化から3歳児からの就園がスタンダードとなったことにより、2歳児が中心となっています。一方で、社会状況の変化から、1、2歳児の低年齢からの保育所利用が増加しており、保育所の入所児自体の増加とともに、各園で障害児保育制度を利用している子どもも増加傾向にあります。療育を利用せずに保育施設で過ごす親子への支援を療育教室がどうサポートするか、療育教室の役割を検討していく必要がありますが、療育教室通園児の進路という点では、慢性的な保育士不足も続いており、保育所・認定こども園への入所は、年々、厳しくなっています。保護者が希望する進路に至らない場合もあり、大津市全体の就園状況も踏まえた進路指導も必要になりますが、療育教室を利用した親子が地域の保育所や幼稚園において、仲間と育ち合いながら安心して過ごせることを目指すことが最も大切にしたい視点です。子どもどものねがい、保護者のねがいを関係機関や就園する園につなげ、子どもが「楽しい！」と思える毎日を保障することにつながる支援が、親子のねがいや子どもの発達を保障することにつながるのではないかと思います。

別所尚子（大津市立やまびこ園・教室）

●保育園の体制

保育園入園前後、療育から移行してきた子どもの姿は、〝どんなところかな？〟〝このおもちゃおもしろそう〟と興味をもって、初めての場所である保育園を受け入れようとする姿。〝こんなところ知らない〟〝お母さんと一緒がいい〟といつもと違うことに不安を表す姿など様々です。保護者の方も、わが子が保育園に馴染めるか、大きな集団であるクラスの子どもたちに馴染めるか、誰にこの思いを話したらよいのかなどの不安や、こんな保育園生活を過ごしてほしいという期待をもたれています。保育園が子どもにとっても、保護者にとっても、親子にとってそれぞれの居場所となるよう、次のように接続の時期の支援をよりていねいに行っています。

column

療育から移行してきた親子に対する取り組みとして大切にしていること

／石本文子

療育から3歳児で保育園に入園してきたしんちゃん。しんちゃんは姿勢保持や嚥下が難しく、食事を喉につめる可能性があったことから、保育園入園前の引き継ぎ時から、食事時の姿勢や座るいす、食事の形態などの話し合いを、保護者、療育教室、保育園、ＰＴ、ＳＴ（児が通うリハビリ先の方）とともにしてきました。保育園入園後は、話し合ったことに基づいて実践していくことで、安心・安全に食事をすすめることができています。

このように、子どもに対しては、療育教室から引き継ぎを受け、その子どもに応じた環境や体制、関わりを、園全体として考え整えています。思いきり体を動かせる場所、じっくりと遊んだりゆったりと体も心も休ませられる場所などの環境や、職員の勤務体制を整えたりしています。

また、全職員がその子どもの発達と状態像を理解し、支援の方法を統一していくよう指導計画を検討したり、必要なことを確認したりしています。

一方、保護者に対しては、〝しゃべったらすっきりした〟〝この人に話したらいいんだ〟と思ってもらえるよう、入園説明会でていねいに家庭での様子や保護者の思いを聴き取り、入園後の個別懇談等で、じっくり保護者と話す場を設けるようにしています。

保育園の障害児保育は、集団保育を通して一人一人の子どもたちが育ち合うとの理念で行っていますが、保護者にとっては保育園での支援はわかりにくく、集団保育の中でわが子がていねいに支援してもらえているかという不安があります。そのため、あそびや生活における姿、子どもの思いや保育者が感じたことを、お迎えの時に保護者に伝えるとともに、連絡帳に毎日ていねいに書くようにしています。日中の姿をなかなか見てもらえることはないので、時には、あそびを隠れて見てもらったり、写真や動画を見てもらい、保育園での日中の様子を知っていただく機会も考えています。その中で、日頃している保育での取り組みや考えていること、そこでの子どもの姿を伝え、不安を取り除き信頼を深めていくよう努力しています。

● 療育に期待していること

療育を経験した子どもたちは、人は甘えたり頼ったりしてもいい存在であることを知っていて、人を信頼する力をもっていると感じています。また、人と関わる楽しさ、あそびそのものの楽しさの経験を積んでいるので、期待感をもって遊びに向かっています。その感覚を太らせて保育園に入園することで、初めは環境の変化への戸惑いはありますが、〝ここは楽しいところだ〟〝このあそび楽しい〟と、不安を期待にかえ、保育園に馴染むことが早かったり、人との関係をつくることに時間がかからなかったりしていると考えられます。

子どもたちには、大きな集団での生活になるにあたって、療育では、人を頼ることの土台、あそびは楽しいものである経験を積んできてくれることを期待しています。

療育教室から保育園に移行する際、保護者の方の不安は計り知れないものだと思います。また、その不安が子どもにも影響してしまうことも考えられます。療育の中で保護者につけてほしい力がいくつかあります。

わが子のことを見つめ、受けとめ、そして不安に思ったことうれしいことなど、担任や周りの保護者、心許せる特定の人だけにでも、話したり、思いや悩みを伝えたりして相談する土台をつくってくださっていると ありがたいです。また、子どもに関して、他児と比べたり、できる・できないで判断したりするのではなく、〝こういうところの育ちがかわいい〟〝これでよし〟〝まあいいか〟とのように、その子の生い立ちやその子らしさを大切にしてわが子を見ていくようになっていただけるとありがたいです。

そして、療育教室からの引き継ぎの時には、子どもの様子だけではなく、保護者が、どのようなことにしんどさを抱えているか、保育園に何を求めているのかなどの、保護者の思いもていねいに伝えてほしいと思います。また、療育教室からは、この親子に保育園で何を大事にしてほしいと思って送り出しているのかもていねいに教えてくださるとありがたいです。

近年、保育園の障害児保育は新たな課題にも直面しています。1、2歳児の低年齢から保育園に入園する子どもが増えたことに伴って、障害と診断されて1、2歳児から入園する、保育を受ける中で3、4歳児から障害児保育を受けるなど、療育を経験せずに保育園に入園する子どもが増えています。こうした場合も、しんちゃんのように子どもの状況に即した支援や、保護者には子どもの見方や関わり方が学べる学習の機会や保護者仲間をつくっていくことが必要です。それぞれの保育園でも取り組んでいますが、療育を経験していない親子に対しても、療育教室で蓄積されたものを生かして、保育園とていねいに連携しながら、ともに取り組んでいただけたらと思います。

（大津市立大平保育園）

column

幼稚園での一人一人に合わせた支援

療育とつながりながら

／河井園美

本園は大津市の中心部に位置し、周辺には琵琶湖岸の公園や商業施設などもある、にぎやかな地域にある公立の幼稚園です。2020年度より3年保育が始まり、現在90名程度の園児が在籍しています。4歳児の英くんは、2歳になった頃、保護者が地域にある保健所の相談施設に子育てについて相談され、2歳前半から、療育教室が実施する月2回の親子教室を利用し始めました。その後、2歳後半から1年間、療育教室に週5日通所し、3歳児より本園3年保育3歳児クラスに入園しました。

入園前には、療育教室に出向き、療育時の姿も見て引き継ぎを受けました。担任の先生からは、対人コミュニケーションと協調運動の苦手さへの支援を中心に、発達支援をすすめてこられたことや、大人への信頼感が育ってきていること、また、もともと英くんのもっている知的好奇心に加え、イメージや見立ての力が出てきていることなどを引き継ぎました。保護者からは、同年齢の子どもと同じ場にいると緊張感が高まることや、得意なことと苦手なこと、家庭でされている支援について聞き取り、入園を迎えることになりました。

入園時、3歳児は1クラスに30名を超える在籍があったため、いきなり大きな集団で過ごすことにならないよう、2グループに分け、半数の子どもの中で過ごすことを中心に、園生活をすすめることにしました。英くんの、同年齢の子どもへの緊張感は、やや軽減されている様子でした。また、不安を細やかにキャッチし、英くんに合わせた対応を考えていけるよう、加配教員がそばで見守り、支援する体制をとるようにしました。先生がそばにいてくれることに安心し、絵本や製作など気に入ったあそびや場所を見つけたり、虫などの生き物に興味を示し、促されると教師と一緒に園庭に探しに行ったりするなど、自分のペースで園生活に馴染んでいく姿が見られました。

筋緊張が弱く、姿勢や体のバランスを保つことが難しいため、園では、英くんが興味・関心をもち、自分から「もの」や「こと」に関わって遊ぶ中で、様々な感覚に刺激を受けたり、体を動かしたりする機会を捉え、支援していくことにしました。

ある日、築山の上にある水たまりに、大好きな妖怪に見立てた葉っぱを浮かべ、さらに水を足すことで、流れ出ていく葉っぱの様子に興味をもった英くんは、少し離れた場所にあるタライまで、何度も水を汲みに行き、小走りで戻ってきては水を流して楽しむ姿がありました。また別の日には、友達から誘われ、追いかけっこを楽しんでいました。走っていく友達を目で追いながら、英くんなりに手足に力を入れて走っている姿や、「今日はいっぱい遊んだね」と話す姿からは、友達と一緒に走る、そのこと自体を楽しんでいる気持ちが読み取れました。

幼稚園では、子どもたちが自分を取り巻く環境に心を揺さぶられ、興味・関心をもって遊び出す中にこそ多くの学びがあると考え、大切に支えています。水とともに流れ出す葉っぱの様子に、「おもしろい」「楽しい」「もっと流したい」と心を揺らし何度も試すうちに、でこぼこした園庭でバランスを保ちながら歩くこと、人や物の様子を視覚的に捉え避けて歩くこと、傾斜のある築山を足で踏ん張って登ること、水がこぼれないよう手先に意識を集中させて運ぶことなど、あそびの中で様々な感覚や動きを得る機会につながりました。

一方、対人コミュニケーションの点では、教師と自分のあそびの場や対話の最中に他児が入ってくることを嫌がり、強い口調で制止するなど、友達の意図や見えない気持ちへの理解は難しい様子が見られました。英くんの嫌だという気持ちを十分受け止めるとともに、「こんなふうに言うといいのではないかな」など、具体的なコミュニケーションの方法を伝えるように支えました。気持ちが落ち着くと、「そうか」と納得する姿も見られるようになり、そばにいることを受け入れられる好きな友達もできてきました。

保護者の方は、嫌がらずに園に通う英くんの姿や、担任や加配担当、園長などと、細やかに連携できることから、園への安心感をもってくださっているようでした。一方、幼稚園という集団の中で、英くん以外の子どもの姿を目にし、わが子の友達の言葉や行動をそのまま受け止めてしまう特性を理解しつつも、どのように他児との関係を築いていくとよいのかということに、気を揉んでおられる様子も感じられました。

幼稚園では子どもたちが育っていく3年間の過程の中で、互いが理解し合い、受け止め合い、助け合えることを大切にしています。そのために日々の保育ではまず、どの子もが安心し、伸び伸びと自分を発揮して育つことを、保障していきたいと考えています。同じ活動の中にも、個々が自分に合った場や教材を選択できるよう環境を設定するなど、一人一人の個人差や多様性のニーズに合わせ、「個」の育ちを支える工夫をしています。また、5歳児くらいになると、「自分」と「人」を意識するようになりますが、一人一人の感じ方や考え方が違う、違ってよいということを、活動や園生活の中で十分受け止めるようにしています。子どもたちの中にそういった意識が育ってくると、大きな音や突然触れられることに緊張してしまう英くんの姿を学年の子どもたちに伝えた時にも、手をつなぐ際そっと握ったり、「英くん、大丈夫?」と聞いたりする姿が見られるようになってきました。このように、一人一人の違いを受け止めながら、子ども同士が、互いにどのように受け止め関わるのかという、「集団」を意識した育ちも大切にしています。

英くんは現在、コミュニケーション支援のために、民間の児童発達支援事業を利用しておられます。市が実施している巡回相談の他にも、その療育の先生方に、園での保育の様子を見に来ていただき、園での支援が、どのように行われるとよいのか、助言をいただいたり一緒に考えたりしています。また、療育の方では、個別支援で育っている力が集団で発揮されているかという視点で、園での英くんの姿を見てくださっているようです。両者がそれぞれの専門性を生かしながら支援していくことは、保護者にとっても子育てに対する安心感につながり、必要ではないかと感じているところです。今後も療育での支援と園での支援を互いにオープンにしながら連携し、「一人一人が大切」という価値観を育むとともに、一人一人のニーズに合う保育、発達支援に努めていきたいと思います。

（大津市立平野幼稚園）

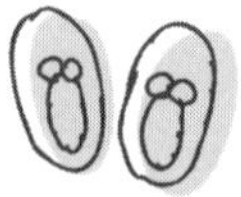

第3章

保護者の思いと生活を支えて

保護者の就労支援と
保育所・幼稚園等への支援

保護者の思いと生活を支えるための保護者の就労支援、
保育所等への地域支援を含めた多様な取り組み

Section 1

豊後大野子育て総合支援センターの総合的な親子支援

1 社会福祉法人萌葱の郷の理念

大分県にある社会福祉法人萌葱の郷は、1991年に設立してから「自閉症総合支援センター」として、早期療育、発達支援、就労支援、余暇支援、相談支援、普及啓発、専門家育成等の機能をライフステージを通じて総合的に提供するとともに、「子育て総合支援センター」としても教育・保育・発達支援・保護者支援を一体的に運営しており、社会福祉法人の立場から「誰もが安心して暮らすことのできる共生社会」に貢献し続けています。

豊後大野子育て総合支援センターでは、幼保連携型認定こども園、地域子育て支援拠点事業、児童発達支援センター、放課後等デイサービス、保育所等訪問支援事業、相談支援事業所を同一敷地内にて一体的に運営して

おり、その地域に暮らしているすべての乳幼児と家族に対して障がいの有無にかかわらず、乳幼児期から小学校への接続を連続的、かつ、子ども一人一人の月齢と生活環境や器質的な特性に配慮した教育・保育・発達支援を一体的に提供しています。以下では、当センターを運営する中で得られた効果について紹介させていただきます。

2　子育て総合支援センターの効果

❶継続した支援

障がいの有無にかかわらず、乳幼児期から就学に向けた教育・保育・発達支援・保護者支援をワンストップで受けられるとともに、保育所等訪問支援事業や放課後等デイサービスなどを利用することによって小学校への入学後も継続した支援を提供することができています。

就学前　子育て支援センター　↓こども園・児童発達支援センターの利用
　　　　こども園　↓子育て支援センター・児童発達支援センターの利用
　　　　児童発達支援センター　↓こども園・保育所等訪問支援事業の利用
就学後　児童発達支援センター　↓放課後等デイサービス・保育所等訪問支援事業の利用

❷保護者の就労サポート

子どもに障がいが認められても保護者は仕事を辞めずに通園させることができ、仕事の都合に合わせて相談や母子通園等を受けることもできます。例えば、子どもが朝の7時に登園してから夕方の7時に降園するまでの間、教育・保育だけでなく、発達支援の提供もできることで、発達支援を早期から受けてもらいやすくなりました。

日中の児童発達支援センターを利用する時間帯は、児童発達支援センターの職員が保護者の代わりに児童をこども園まで送り迎えします。こども園の延長保育も利用すれば、保護者がフルタイムで働いていても朝夕のこども園への送り迎えだけで児童発達支援センターを利用することができるようになっています。

❸利用日数や時間の選択

子どもの様子や家族の意思、こども園の行事等に合わせて児童発達支援センターの利用日数や時間等の選択をしやすくなったことで、児童発達支援センターからの移行支援がすすみました。例えば、4月当初に週4日児童発達支援センターを利用していた児童が2か月後に3日、半年後に1日というように、関係者と成長や適応力を確認し合いながら利用頻度を変更しやすくなっています。

認定こども園で行事に向けた練習がある時には、子どもの心理的な負担が高まりやすくなるため、心のケアを強化して日数や時間帯等を臨機応変に調整するようにしています。

❹発達経過や支援計画等の共有

子ども一人一人の発達経過や支援計画等の共有をすすめやすくなりまし

た。例えば、日常的に報告や連絡、相談を行いやすい距離にあるため、職員同士が交流しやすくなり、悩みを独りで抱えにくくなっています。また、多くの専門職がいるため、お互いの領域を学び合えることで幅広い知識を身に付けることもできています。

ケース会議や事例検討会、保育所等訪問支援の時に教育や保育だけでなく、作業療法士や臨床心理士からの視点を交えて意見交換をすることで、子ども一人一人に合わせた配慮や支援内容を多角的に共有できています。

❺児童発達支援センターが隣接

こども園や子育て支援センターに児童発達支援センターが隣接していることで、児童発達支援センターへの心理的なハードルが下がり、保護者に紹介しやすくなりました。また、児童発達支援センターやこども園の利用後に母子で子育て支援センターの利用もできることから、保護者同士の情報交換やピアサポートも行われやすくなっています。

❻相談支援事業所を併設

相談支援事業所を併設したことにより、子育て家庭全般に提供できる情報の幅が広がりました。また、利用計画やモニタリング、担当者会議等の段取りもスムーズになり、学校をはじめとする関係諸機関との連携もすすめやすくなりました。

このように子育て支援に関する事業を一体的に運営することで様々な効果を得ることができていますが、法人としても発達障害への合理的配慮をベースに教育・保育・発達支援を提供していることから、

いぬかいこども園
幼保連携型認定こども園の幼稚園機能と保育園機能に加えて児童発達支援センターが隣接していることから、幅広いニーズに応えられる教育・保育環境が整っており、それが利用児童や保護者のみならず、職員の働きやすさにもつながっています。保育士不足と言われている中、職員の離職もないまま順調に運営できている新たなモデルとして、毎年多くの見学者が訪れています。

なかよしひろば
同一敷地内に認定こども園や子育て支援センターを併設していることから、障がいの有無にかかわらず子どもの発達を最大限保障するために地域の子育て家庭の不安や子どもの発達に関する悩み、関係諸機関における困りなどの相談を多角的に応じられる専門性を高めており、毎年多くの研修生が訪れています。

虐待や不適切保育等の課題を生じにくくさせる風土を根付かせることができるとともに、向上心の高い人材の獲得や職員の育成がすすめやすくなっています。また、職員には異動をしながら知識や経験の幅も広めてもらうことを期待しており、ライフステージを通じた支援現場で経験を有している人を管理者として配置させることで、事業所内でのスーパーバイズや関係諸機関との連携や協働支援につながりやすくなっていることにも価値を感じています。

五十嵐猛（社会福祉法人萌葱の郷 子育て総合支援センター長）

Section 2

こども園への移行を支える児童発達での取り組み

1 「とんとん」の紹介

社会福祉法人とんとん（以下、とんとん）は１９９１年に公民館の一室を借りて障害児の一時預かり保育を週３回無認可通所事業として開始しました。２００６年より大分市中心地に近い南大分に拠点を移し、自前の土地建物で児童デイサービス「児童デイサービスセンターもも」と無認可保育施設「いちご保育園」を同じ敷地、同じ建物にて事業開始しました。18年経った２０２３年においては、それぞれの部門が発展し、児童発達支援センター「こども発達支援センターもも」（定員16名）と幼保連携型認定こども園「大分いちごこども園」（定員１１７名）がお互いに連携しながら事業実施しています。

通所療育施設と保育施設がともに18年間事業を続ける中で、制度の違い、職員体制の違い、保護者の想いの違いの中で試行錯誤を続け、療育部門は「保育につなげ、サポートする療育」、保育部門は「早期から保護者に寄り添う保育」を実施してきました。

保育と療育が一体になっていることで最も心がけていることは「療育部門を保育部門の気になる子ど

もを集めた場所にしない」ということです。北欧諸国の障害のある子もない子もともに過ごすインクルーシブ教育・保育の実践を何度も目の当たりにし、大分の地において未就学児におけるインクルーシブな保育を実施しようと考えてきました。そのためには保育の子ども集団で過ごすことが困難な子どもは療育部門を利用したらいいという判断だけでは排除の考えが作用し、気になる子を集めただけの場所になってしまいます。そこで療育部門は「保育へのつなぎ」「つないだ後のサポート」を大事にしています。

とんとん10年目の卒園式

2　保育から療育へ

とんとんの保育部門では早期から保護者に対して介入するためにも入園前の見学段階から「お節介を焼く園であること」をあえて伝えています。園長や主幹保育教諭を中心に保護者への日々の言葉かけは積極的に行い、必要に応じて保護者面談を頻繁に行っています。

最近は子育ての情報がインターネットにあふれており、簡単にスマホで調べられる時代になっています。しかし少子化社会において、身近に実際に小さな子どもがいた機会があまりなく、子育てに関わった機会が少ない現代人にとっては、スマホから情報を得られたとしても、何が正しい情報か、どの情報がわが子に当てはまるかの判断ができない事例が多いです。保育現場においては、子どもが1日の時間を過ごし、多くの家庭と関わっています。この経験と情報は保護者面談において大きな財産です。

第一子の子育てを頑張っている保護者にとって子どもの成長について心配になる思いをもたない人はいないです。しかし子どもの成長はこんなものと思っていることも多々あります。そこで保育部門の保護者面談では園長と担任保育教諭、療育部門の公認心理師が同席し、子ども集団の中で過ごしている様子について保護者と話します。保護者面談を実施するにあたって、最初からわが子の家庭での様子が気になっているということはほとんどなく、家庭では問題ないけど保育集団では気になる行動になっているという事例がほとんどです。そこで家庭の様子と保育集団での様子に違いがあり得ることを説明し、保護者からの依頼をもとに園内で発達検査を実施し、フィードバックすることもあります。

保護者への介入についても早期が有効だと考えています。入園して早い時期、年齢としても0歳や1歳における早期の段階において、こども園の担任保育教諭や子どもに関わる職員が感じている成長における心配を保護者と共有することで、「男の子は発達がゆっくり」「お父さんも言葉が遅かった」という周りの声ではなく、今のわが子の成長を園と保護者がともに捉える機会を大事にしています。そのために保育士の経験と公認心理師から成長の指標を話す中で、これからの成長の道筋を共有します。その中で保育集団の中で過ごすことが子どもにとって嫌な刺激の多い環境になってしまい、つらい体験になりそうな状況ならば、保育部門ではなく療育部門に席を変えることを提案します。保護者より療育部門に変わりたいと申し込まれても、保育部門で関わりを工夫することで成長する可能性を感じる子どもに対しては、保育部門に残り続ける価値を保護者に提案することもあります。

3 療育と保育の併用

とんとんの療育部門には、週4日単独通園&週1日親子通園を実施する低年齢児向けの児童発達支援事業「こども発達支援教室すもも」と、満3歳から単独通園&保育所等訪問支援を実施する児童発達支援センター「こども発達支援センターもも」、放課後等デイサービス「放課後デイサービスくるみ」と障害児相談支援「こども相談支援ぷらむ」があり、各部門が密に関わり合いながら事業実施しています。

保育部門に在籍していて療育部門の利用が必要となった子どもで、2歳児は子ども集団における基本的生活習慣の基礎を築くために「こども発達支援教室すもも」と併用します。3歳以上の子どもは児童発達でていねいな療育を積み重ねて保育部門への一本化を目標として「こども発達支援センターもも」と併用します。

大分県は児童発達支援の利用料金が0歳から無償化されているので、2歳児であっても児童発達支援を併用するにあたり経済的な負担感は生じません。しかし福祉サービスの利用には負担感が生じます。受給者証を取得するには、医師等の意見書が必要です。そこで園医である児童精神科医が内科健診で来園した際や、園医の医院において意見書を作成してもらいます。また、相談支援と児童発達が協力した面談を実施することで、就労中の保護者に対して面談時間の負担感を少しでも減らす対応をしています。

2歳児で「こども発達支援教室すもも」と「大分いちごこども園」を併用する子どもにおいて週1回の親子通園は絶対ではなく、可能な場合は親子で来ることを提案しており、育休中の保護者の場合は赤ちゃんを連れて親子通園に参加してくれることがあります。保育部門を利用していた保護者が週1回の親子通園を利用するのは困難さを感じます。親子で通うという実際の負担感以上に、精神的な負担感が生じるのです。療育の必要性を感じて療育部門の門戸を叩いた保護者と比べて、保育部門において指摘を受けて療育部門に来た保護者は、わが子の成長発達の遅れに対する受容の違いが生じることがあり、保護者対応の難しさを感じることがあります。

3歳以上の子どもは「こども発達支援センターもも」と「大分いちごこども園」を併用します。「こども発達支援センターもも」は単独通園のみの幼稚園のような部門なので、保護者としては朝保育部門に子どもを預けて、夕方保育部門に迎えに行く状況は保育の利用と変わらず、その保育の利用の間で療育部門が保育部門に子どもを迎えに行き、お昼寝時間に合わせて保育部門に子どもを戻すので、1日の中で保育と療育を併用することが可能になります。こども発達支援センターももにおいては保育部門への完全移行を一番の目標にしており、子ども集団で自分のことを自分の力でできるように支援しています。併用する中で午前中は児童発達をメインで過ごし、午後の時間をこども園で過ごす中で子ども集団において過ごす力が育っていった場合は児童発達支援の利用を修了し、こども園への一本化を行います。

4 保育に戻ってからのサポート

児童発達支援を利用する中で、相談支援とのモニタリングや個別支援計画の作成に関わる面談を重ねる中で、保護者よりていねいな療育での関わりを終えることに対する心配の声を受けます。そのため保育所等訪問支援を通じて、児童発達支援を修了した後も児童発達支援のスタッフによる月2回の訪問支援をこども園に対して行い、保護者に対して保育部門で過ごしている子どもの様子を報告しています。

児童発達支援センターと認定こども園を一体的に行っていることから、訪問を担当する職員の移動時間がかからない以上に、月2回の訪問日程の設定や職員間の情報共有についてスムーズに実施することができます。また保育所等訪問支援として児童発達支援が認定こども園に関わることは、同じ法人の同僚としてだけではなく、対象児について膝を突き合わせて2つの部門が情報を共有することになるので、子どもについて個別に検討ができる有効な時間となっています。

2022年度「大分いちごこども園」を卒園した年長児の子どもは22名いました。そのうち児童発達支援部門である「こども発達支援センターも」を併用した経験があった子どもは6名おり、そのうち地域の公立小学校の特別支援学級へとつながった子どもは1名だけでした。早期からの介入を行い、児童発達支援で力をつけてこども園に戻り、素敵な小学校1年生になっていきました。保育園内に児童発達支援を併設する施設がこれからより多くなる中で、とんとんは2025年には療育部門と保育部門併設20周年を迎えます。療育と保育併設施設の有用性を検証実践し、これからも発信していきます。

法人のみんなで集合

田中カヨコ（大分市 社会福祉法人とんとん 理事長）

Section 3

保育所と児童発達の併設で子どもと親の毎日を支える

1 地域でつながりを展開する「りんく」

むぎのめ子ども発達支援センターりんく（福祉型児童発達支援センター　以下、りんく）は、前身の「鹿児島子ども療育センター」と合わせて２０２３年で設立39年目を迎えます。２０１７年の新築移転の際に、地域の中で様々なつながりを豊かに展開していきたいねがいを込め、現在の名称に改めました。

また、給食室を中心に１つの建物を半分に分ける形で、隣にはむぎっこ保育園（２０１７年当初は、企業主導型保育園として事業開始。２０１９年に認可保育園〈定員50名〉となる）が併設されています。

２０２３年６月現在、りんくには、自主事業の赤ちゃん教室を含め、０歳から就学前までの29名の子どもたちが通園しており、子どもの生活年齢や発達に応じて、赤ちゃん教室（月２回）・親子療育グループ（１）・母子分離グループ（３）の５つのグループを編成しています。発達保障理論と子どもたち自身が期待できる毎日の生活と楽しいあそびを軸に、保護者と子どもを真ん中に「共育ち」の精神を大切に、実践を展開しています。

2　りんくを取り巻く地域の状況

りんくは、鹿児島市の北部（吉野地域）に位置しています。市内の保健センターは、東西南北・中央の5つあり、りんくは北部保健センター圏域内に位置しています。1歳までの健診は医療機関委託となっており、集団健診は、1歳半と3歳の2回です。

りんくへ通所を開始する際には、鹿児島市から「通所受給者証」の給付決定を受ける必要があります。2003年に支援費制度という応益負担の仕組みが導入された際に、鹿児島障害児者父母の会とともに、現在でいう児童発達支援給付費の無料化を願う運動が行われました。それにより鹿児島市は、2007年より、「恒久的無料化」をうたい、児童発達支援給付費の保護者負担は無料となりました。

2019年の国の3歳児以上の幼児教育・保育の無償化がスタートしてからは、3歳未満の子どもの児童発達支援給付費（保護者負担分）を鹿児島市が継続して負担しています。

また、児童発達支援の給付決定にあたり、保健師や子ども園や保育園の意見書（発達検査結果等）があれば診断がなくても、仕組み上は「気になる段階から」通園することができるようになっています。

3　保育園をつくろう！――乳児期の子育てが楽しく安心の子育てになるために

むぎっこ保育園は、2013年にスタートした「きょうだい児の預かり事業」が前身です。療育に通う中で下の子が生まれ、「兄が療育に行っているからこそ、この子の発達が心配。ハイハイがまだできない」「上の子は赤ちゃんの時に子育てがとても大変だった、もっと早くに支援を受けることができたら……」

「姉の離乳食の対応が大変だった、この子の時はどうしたらいいのだろう」「きょうだいは療育で楽しく遊んでいる。この子は、親のおんぶや預け先での見守りがどうしても多くなってしまうので、上の子と同じようにこの子にも子どもらしい生活を送らせたい」といった、切実な親の声から「きょうだい児にも安心して育つ場を」と預かり事業を始めました。

あそびの中で身体を意識して使うことや、離乳食のはじめ方やすすめ方、手作りおもちゃなど、保育士から一人一人の発達に応じた具体的なアドバイスをもらいながら子育てをした親たちは、「心配なことは何でも相談できて安心できる」「子育てが楽しくなった」と不安が安心に変わり、「ここにずっと通いたい」「上の子の時にもこんな支援があったらよかった」など、今後のわが子の成長やこれから生まれてくる子どもたちのことも考えて「こんな保育園があったらいいな」「保育園がほしい！」という声に変わっていき、保育園づくり準備会を立ち上げ、2014年4月からは地域の民家を借りて、「ぽかぽかむぎっこ保育園（無認可保育園）」として、きょうだい児だけでなく地域の子どもたちも受け入れていきました。その中で、地域でも同じように、子育てに不安を抱えていた姿から安心の子育てに変わる親子の姿がありました。

療育センター設立当初から「地域の中で子どもたちが0歳から安心して育つ地域支援システムづくり」を願い、実践・運動・研究をすすめてきました。預かり事業や無認可保育園での親子の姿から、より多くの親子の安心の子育てのためには「保育園」が欠かせないと、認可保育園の設置を目指し、現在に至ります。

4 むぎっこ保育園の現状

認可保育園となって、4年目を迎えました。0・1歳児のお部屋と、1~5歳児の縦割りのお部屋（異年齢保育）が2つと、3つのお部屋があります。入園までの経過としては、育児休業明けの0・1歳から入園する子どもたちと、地域に企業主導型保育園（0~2歳児対象）が多いことから、そこを経て入園する子どもたちの割合が多くを占めます。

また、療育と保育園の併行通園児は年々増えており、今年度は、定員50名の園児のうち17名と半数近い子どもたちが療育へ通園しています（「りんく」10名、「みらい（同法人姉妹園）」6名、他事業所1名）。りんくと保育園の子どもたちの併行通園の始まり方の内訳は、りんくへ先に入園し後に保育園へ入園した子2名・保育園へ先に入園し後にりんくへ入園した子8名となっています。

保育園からりんくへつながった保護者の中には、「1歳半健診や3歳児健診の未受診」「1歳半健診で親子教室を勧められたけど（仕事や気持ちが向かないなど様々な理由で）行かなかった」「育ちが気になり、ここに入園してみて先生たちが気になれば声をかけてもらえると思っていた」といった保護者が少なくありません。保護者の言葉の背景に思いをはせながら、「療育へ通う」ことが親子の安心につながればという思いで、日々実践に取り組んでいます。

5 たかしくんのこと

たかしくんは母親の職場復帰後、職場の託児所に通っていて、2歳3か月の時に、認可保育園開設と同時に保育園へ入園しました。保育園入園前の面接の際に、母親から1歳半健診で指摘され、たかしくんの発達が気になっていること、療育に通いたい旨の話がありました。たかしくんは、視線が合いにくく、三項関係の弱さや偏食もあり、親子療育を通して母親との二者関係を築くところから始めたいと思うところでしたが、ひとり親家庭でフルタイム勤務であったことから、親子療育グループへの通園は厳しいとのことでした。幸い、りんくの近くに祖母が住んでいたこともあり、祖母の協力をもらって、りんくの親子療育に週3日祖母と通園し、残りの週2日を保育園で過ごすことから始めました。母親も数か月に1回ほどでしたが、仕事の休みがとれた際には祖母に代わって登園をし、約2年間親子療育へ通いました。

療育3年目から小集団グループとなり、母親がたかしくんを出勤前に祖母宅に預け、祖母が保育園へ預け、りんくが始まるまでたかしくんは保育園で過ごし、りんくが終わったら保育園でお迎えを待つという生活が始まりました。保育園と療育が隣接し園庭も共有していることで、切り替え場面も少なく、朝や夕方の保育園の時間はたかしくんの好きなブランコあそびをたっぷりと楽しんでもらうよう共有したり、睡眠のリズムが崩れやすいため、両園での様子を共有したりとお互いに連携し合ってたかしくんの成長をともに応援していきました。母親とは普段は会えないため、生活記録表（前日から朝までの生活リズム、子どもの様子、母の思いを記録・りんくはその日の子どもの様子を記録）を通して母親とやりとりをしていました。電話や面談においては、日頃顔を合わせてのやりとりが難しい分、母親が安心してつながりやすいように職員を決めて対応しました。園行事や学習会などは、2か月前までに母親に知らせ、母親の都合を確認してから日程を決め、休みをとってもらえるよう協力をお願いしました。

年長となり、自我が育ち「イヤ」が出せるようになったたかしくん。母親は、「たかしは、言葉はまだ出ていないけれど、何を思っているかわかるようになってかわいいです。りんくにきた頃は、何を考えているかわからなくて宇宙人みたいと思っていました」と話してくれました。

たかしくんは卒園の頃には、自分なりに見通しがもてるようになった分、納得できないと「イヤ」をたくさん出しながら、その場から出ていこうとする姿が増えました。りんくの卒園式では、葛藤しながらも卒園証書を受け取り、最後まで参加できたたかしくん。帰りの玄関で、母親が「保育園の卒園式が心配」と不安をつぶやきました。早速、保育園と連携し、たかしくんと母親が安心して卒園式に参加できるよう検討しました。当日はたかしくんが安心して過ごせる場所をつくり、登園からりんくの職員がたかしくんと母親に寄り添い、全体の進行と連携していくことで、たかしくんは葛藤する場面もありましたが、自分から卒園証書を受け取りに行くことができ、その後のプログラムも含め最後まで参加することができました。母親からは、「日常はりんくで過ごしているけれど、保育園の友達とも関わりが増えてきていたので、卒園式に参加できて本当にうれしかったです。ありがとうございました」と喜びを語ってくれました。

6 るなちゃんのこと

るなちゃんは、満3歳で保育園へ入園しました。発語はあるものの、偏食や排泄などの生活課題や集団から離れてマイペースに遊ぶ姿、不安が強く保育園の行事への参加が苦手といった園での姿があり、保育園からりんくを紹介されました。その際の面談では、「なぜ療育が必要なのか説明してほしい」と、両親とともに祖父母も面談に参加したそうです。

生活面の課題もあったことから毎日通園が望ましいと考えましたが、保護者の状況も踏まえ、週3日の通園からスタートしました。入園当初は、母親は「保育園の先生に言われたから」「自分は子どもとあまり関わっていないのでよくわからない」と、通園へあまり前向きな様子ではありませんでした。母親は、きょうだいも含め子どもたちの朝の準備や夕食・入浴の対応が一人では難しいということで、祖父母の協力が日常的にありました。保育園のお迎えも祖父母が行っています。母親が〝子育てをしている〟実感がもちにくいかもしれない、と感じました。母親へは、「保育園が隣だからお母さんが送迎する必要がなく、保育園でのるなちゃんの様子も私たちは見ることができるし、保育園とも連携することもできるので、りんくのことに限らず心配なことは何でも相談してくださいね。一緒に考えていきます」と伝え、通園をはじめました。

りんくでのるなちゃんの様子を母親が目にすることは難しいため、日々のるなちゃんのりんくでの様子を写真や生活記録表を使い、ていねいに伝えていくことにしました。半年後の面談では、るなちゃんの育ちを感じながらも「療育のおかげなのか保育園のおかげなのかわからない」という発言でした。継続して、偏食があるるなちゃんがりんくの給食で食べたメニューやあそびの様子など、日々のやりとりを積み重ねていきました。母親も徐々に、生活の中での困り感を記録表に書いてくれるようになりました。

年度末の面談では、保育園の発表会で昨年よりも自分から参加している様子があったとうれしそうに話をし、「るなが毎日りんくに行きたいと言うんです。先生、りんくに毎日通えますか？」と母親の方から申し出がありました。また、りんくで食べたメニューを家でも作ってみたことや、家庭での食事の出し方や関わり方など母親から初めて質問もありました。

7 今の状況に合わせた親同士のつながりづくり

りんくには、「ひとりぼっちの親をつくらない」というねがいのもと、親の会の取り組みが毎年引き継がれ、毎月1回りんくと親の会と共同で運営員会を開き、実践・運営・親の会の取り組みを共有しています。

年々、親同士のつながりをどのようにつくっていくかは大変悩むところです。就労家庭や併行通園児が増え、〝集う〟ことそのものに難しさを感じていたところに、コロナ禍となり一層難しくなりました。特に、ともに療育の時間を過ごすことで、他の親との関係を築きやすい親子療育グループの保護者と違い、就労のため、子どものみりんくへ通園する子どもの保護者のつながりをつくっていくことは、これからの重要な課題であると感じています。近年は、まず、りんくへ通うこと＝わが子がいきいきと育つ場であることを実感してもらうこと、職員との信頼関係を築くことを一番に考えました。例えば、るなちゃん家庭への親の会へのお誘いは控えてもらいました。親の会はコロナ禍でも交流会などできる形で取り組んでいましたが、りんくのこともあまりよく知らない中に親だけで入ることは、とても敷居の高いことだと考えたからです。母親が療育を通してわが子の育ちを実感し、療育へ信頼ができた上で、つながりをつくる機会を待ちました。

2023年に入り、コロナの制限もとれ、初めて親子参加の行事に取り組むことにしました。どの親子も参加しやすい形で、自然なかたちで交流できたら……と思い、大型連休の間の日に親子遠足を計画しました。この時期だと仕事の休みがとりやすいのでは、と考えたからです。実際、就労家庭の子どもたちは、母は仕事だけど父は休みがとれた、両親一緒にと、初参加のるなちゃんの母親も含めてほとんどの家庭が参加し、お弁当を食べながら初めて交流をすることができました。今後、子どもを介した交流ができ、母親よりなお一層交流の機会が少ない父親も参加しやすいような「ファミリーデイ」といった家族参加の行事、茶話会といった親同士の交流の場も取り組んでいく予定です。

8 療育・保育は地域の子育て応援団でありたい

年々、保育園に通う園児が増え、母親と関わる中で、一人で抱え込んでしまっていたり、わが子の育ちが気になりながらも生活を優先しなければならず、どうにもできない状況に置かれていたりと状況は様々ですが、結局は「ひとりぼっち」になっていたのではないかと推察されます。実際、るなちゃんのように「自分は働いていて子どもを見ることができていない」と負い目を感じている母親や、「育ちが気になっていたけれど……」と自分からは行動できず、「誰かに言われたら」と受け身の母親もいます。乳児期の段階で母親が安心して気になることを相談でき、具体的なアドバイスなど子育ての応援をもらえる場、「ひとりじゃない」と仲間を感じることのできる場の必要性を痛感しています。また、安心して子育ての応援がもらえると実感できると、療育を勧められてもスムーズに移行できるのではないかとも考えます。

乳児期からの支援の場である保育園と療育がともにあることのよさや、私たちだからできることは何か、まだまだ模索中ではありますが、就労している親もわが子の育ちを実感し、自分らしい子育てや笑顔の循環ができるような支援と仲間づくりを、保護者のねがいがどこにあるのかを考えつつ、つながりをつくっていきたいと思います。

岩松まきえ（鹿児島市　むぎのめ子ども発達支援センターりんく）

Section 4

子どもの生活を細切れにせず、保護者・家族を支える療育を

1 名古屋市の見守り一時支援事業

名古屋市では２０１３年度より、「名古屋市児童発達支援センター見守り一時支援事業（以下、見守り一時支援）」を、名古屋市内８か所の児童発達支援センター（以下、センター）にて実施しています。見守り一時支援とは、通常療育終了後、療育を延長して実施するものです（表1参照。制度的な根拠としては障害者総合支援法の地域生活支援事業に位置づく「日中一時支援事業」を取り込んでいます）。

２０１２年度にセンターでの療育終了後の、他の児童デイサービスの利用が制度上認められなくなりました。それに伴い保護者の「就労」「疾病」「きょうだい児や家族の介護」「レスパイト」などのため、センターでの療育終了後に児童デイサービスを利用していた保護者は、とても困ることとなりました。

名古屋市のセンターの療育時間は、公立・民間とも10時～15時が基本です。センターを経営する社会福祉法人や市内センター親の会と労働組合等でつくる、「地域療育センターの早期建設を実現させる会」は、センターと児童デイサービスの同日利用ができなくなったことを契機に、子どもが１日の中で

複数の場所で過ごすのではなく一番安心できる環境で過ごすことと、就労をはじめとした家庭にとって必要な支援をセンター1か所で実施できるよう名古屋市に要求しました。その成果として、2013年度より「見守り一時支援事業」が開始されました。民間の独自性ではなく公民すべてのセンターで実施されることにも大きな意義があります。

2 子ども集団の中で育ってほしい
——保護者のねがいにこたえたい

3歳児で南部地域療育センターそよ風（以下、そよ風）に入園したしょうくんは、肢体不自由と障害特性からくる指や口唇の噛みこみ、不随意運動に伴う身体の反りなどにより睡眠リズムが整わず一睡もできない日もありました。お父さんは自営業を営み、お母さんは教員で共働きでしたが、睡眠もままならず仕事に向かう日々でした。しょうくん自身への発達支援と合わせ、家族支援が大きな課題でした。

しょうくんはそよ風入園前まで児童デイサービスを利用し、ご両親の就労が終わるまで療育がされていました。幼児はしょうくんだけという日もあり個別のていねいな対応がされており、ご両親もデイ

表1　見守り一時支援事業の利用イメージ

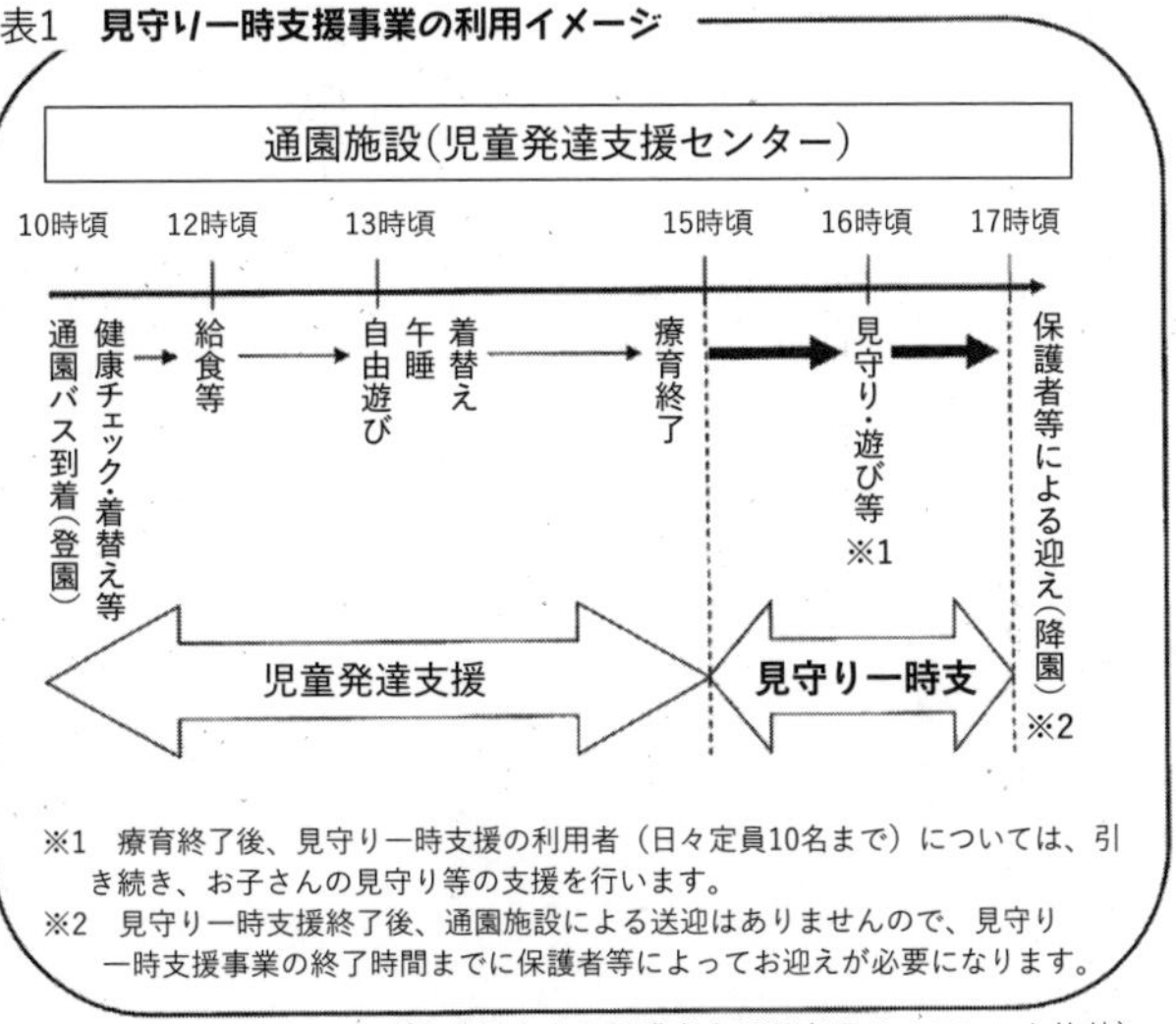

（名古屋市より保護者向け配布用リーフレット抜粋）

・そよ風は定員11名（1名は緊急対応枠）、15時〜17時半としています。平均5〜6名で多い時は10名を越えます。
・子ども2〜3人に保育者1名。正規職員と非常勤職員で対応します。

サービスを信頼されていました。

そよ風入園面接の際、お父さんは「しょうが同年齢の子どもと一緒に生活し、楽しい経験を増やしてほしい」という集団生活へのねがいを話されました。一番大変な生活リズムの安定ではなく、しょうくんの育ちへのご両親のねがいに「そよ風でこたえたい」という思いを私たちも強くしました。そよ風には親子登園があることをご理解いただいた上で、15時の療育終了後は見守り一時支援を17時半まで利用し、送迎は自営のお父さんが対応することで、ご両親の就労も継続可能であることを確認し、そよ風の入園を決意されました。児童デイサービスにも、しょうくんの楽しいあそびや配慮すべきこと、食事面への対応等を含め、見学や情報提供などにご協力いただき、療育をすすめてきました。

3 単なる〝見守り〟ではなく、子どもの育ちを保障する

15時、7つのクラスからその日の見守り一時支援を利用する子どもたちが集まってきます。しょうくんは普段は肢体不自由児のクラスで過ごしますが、見守り一時支援では動きの大きい子どもたちも一緒です。まずは給食室の手作りおやつを食べます。しょうくんの口腔機能に応じた調理をしています。栄養士、調理師を配置しているからこその手作りおやつです。その後はゆったりと散歩に出かけたり、ゆうぎ室でボールプールやトランポリンなどで遊びます。保育者もクラス担任とは限りません。しょうくんは障害特性からていねいな配慮が必要な分、担任との関係が中心の生活でしたが、しょうくんの姿を共有できる職員集団、クラスを越えた子ども集団の広がりが生まれます。今年度年長になったしょうくん。自閉症のお友達も一緒のにぎやかなクラス。まだ生活リズムの不安定さはありますが、気持ちをしっかり主張し、

人との関わりと経験を広げています。子どもにとって安心できる環境、安心できる人との関係の中で生活することは、子どもの育ちを保障する上で基本です。見守り一時支援の時間は子どもたちにとって、単なる「見守り」ではなく、1日の生活の一部です。私たちがその時間にどのような生活を用意するかということの大切さを、しょうくんはじめ、たくさんの子から学んでいます。

4　子どもも保護者も安心して生活できる制度への拡充を

名古屋市全体の見守り一時支援事業は、表2のように多くの家庭が利用しています（利用者数が減少しているのは新型コロナウイルス感染症の影響が強いと考えられます）。名古屋市が2021年度に行った調査では表3のように就労にかかわらず、保護者と家族の生活を支える重要な事業となっています。また2023年度には見守り一時支援で医療的ケア児を受け入れるための看護師配置の予算化もされました。医療的ケア児や重症心身障害児など、障害の重い児童の利用も増えていることへの対応です。

一方で通園前の親子教室（療育グループ）から次の進路を選ぶ際、肢体不自由を伴うような障害の重い子でも、保護者の就労のために保育所や児童デイサービスを選択せざるを得ないケースが年々増えています。

このような状況を踏まえ、見守り一時支援事業の今後の課題を挙げます。

表2　年度別見守り一時支援利用者（市内8センター延べ人数合計）

2018年度	2019年度	2020年度	2021年度	2022年度
5561名	6880名	5712名	5232名	4932名

（名古屋市児童発達支援センター施設長会議資料より抜粋）

表3　利用目的について（見守り一時支援登録者：市内8センター184名）

保護者の疾病	親族等の介護	就労	きょうだい対応	レスパイト	他
6	7	83	74	74	15

（名古屋市児童発達支援センター施設長会議資料より抜粋）

・障害児の保護者は子育て困難を抱えやすい状況にあります。保護者と家族が元気に暮らせるための支援の拡充が必要です。
・児童発達支援センターで就労保障をするためには、療育の開始時間も含め、療育時間の検討が必要です。また療育時間の延長に対応するための人員配置や環境整備、職員の労働条件の整備を含めた制度化が必要です。
・乳幼児期の子どもたちが豊かに育つ生活の場として、見守り一時支援の時間を含めた療育計画、児童発達支援計画作成が求められます。保育所の長時間保育の実践などから学ぶことが必要です。
・名古屋市のセンターは単独通園を基本とし、週1日の親子登園を実施しています。親子あそび、保護者学習会、親の会活動など、親とともに子どもを育てる、親同士がつながる場としてのセンターの療育の継続のために、各センターの知恵と工夫、名古屋市との連携が必要です。

障害をもつ子どもたちは、保育所を利用していても保育時間が短く、保育所の後は児童デイサービスで過ごす子もたくさんいます。そうしなければ保護者の十分な就労が保障されません。一方で子ども自身は、細切れの生活になります。どんなに障害が重くても保育所を利用することが国の方向と合致するかもしれません。しかし大切なことは子どもがどこで過ごすかではなく、子どもにどのような生活が保障されるかです。センターでの療育を望む子がセンターで療育を受けることができると同時に、保護者が安心して働き、家族が元気で暮らすことができる制度への拡充が求められています。名古屋市のセンターでの実践の意義を明らかにし、制度化に向けて行政へ働きかけることが私たちに課せられています。

佐藤明裕（名古屋市 南部地域療育センターそよ風）

Section 5

児童発達支援センターの併行通園と地域との連携

1　都城市の現状

都城子ども療育センターひかり園は、１９８０年４月に無認可施設として親子通園でスタートしました。心身障害児通園事業の頃通園されていた保護者の方より、保育園と療育を両方継続させたいと希望されたのをきっかけに併行通園を始めました。２０１３年は併行通園児が58％でしたが、２０２２年は80％でほとんどのお子さんが併行通園しています。

都城市は宮崎県の南西部に位置し、人口が約16万人、近接する市町村を含めると20万人の生活圏域です。２０２２年10月現在、幼稚園６園、認定こども園41園、保育園37園、小規模保育園７園、児童発達支援センター２か所、児童発達支援事業所21か所、放課後等デイサービス44か所、保育所等訪問支援事業14か所があり、児童発達支援を利用している子どものほとんどが併行通園を利用しています。

都城市の幼稚園・認定こども園・保育園

幼稚園	認定こども園	保育園	小規模保育園
6園	41園	37園	7園

都城市の児童発達支援事業所放課後等デイサービス

児童発達支援センター	児童発達支援事業所	保育所等訪問支援事業	放課後等デイサービス
2か所	21か所	14か所	44か所

2　併行通園を始める時に大事にしていること

・集団の中にいるのが怖くない
・お友達と一緒にいることを楽しめる
・模倣しようとする力が育っている
・身の回りのことを自分でやろうとする
・リーダーへ注目できる
・困った時に人を頼ることができる

このようなことを確認しながら、保護者と幼稚園等への入園を相談していきます。

児童発達支援事業所が増えてきて、それぞれの療育方針や支援方法があります。数か所を利用されるケースが増えてきていますが、ひかり園ではいろいろな利用によって保護者が迷われることが懸念されるので、児童発達支援の併用はしていません。

3　年長で併行通園を始めたあゆみさん

あゆみさんは、1歳6か月健診後のフォロー教室を経て2歳3か月で入園しました。4歳児になる頃幼稚園への入園を考えられ、近くの幼稚園へ

通園形態（人）

	平成25年3月			令和4年10月		
年齢	ひかり園のみ	併行通園	合計	ひかり園のみ	併行通園	合計
0歳児	3	1	4	0	0	0
1歳児	12	2	14	2	2	4
2歳児	15	8	23	6	3	9
3歳児	7	10	17	1	9	10
4歳児	3	13	16	0	8	8
5歳児	1	24	25	0	13	13
合計	41 （41%）	58 （58%）	99	9 （20%）	35 （80%）	44

相談しましたが、職員配置の問題でその時は入園できませんでした。その後きょうだいが入園し、送迎で連れていくようになりました。幼稚園で遊んでいる子どもたちを見るうちに「うちの子は制服を着ることはないんだ」とポツリとつぶやかれました。その頃のあゆみさんの姿から、子どもの集団の中で観察してやってみようというチカラが育っていたので、お母さんの背中を押して再度入園を申し込みました。幼稚園の先生も気にかけてくださり、入園の意思を伝えると園長先生と主任の先生がひかり園の様子を見に来られるなど入園へ向けての話し合いを何回も設けました。

5歳児の4月に幼稚園に入園し週2回の通園が始まりました。あゆみさんはきょうだいの送迎に一緒に行っていたので「ココシッテル」という感じで、お母さんの希望だった制服を着ることや、普段は持たない手提げバッグを嫌がることもなく持つなど、戸惑う様子は見られず楽しそうに通い始めました。入園して5月にこいのぼりをバスに乗って見に行く行事がありました。バスに乗った経験がないので行きはお母さんが現地へ送っていかれ、見学している様子からバスに乗れるかもと判断してくださり、帰りはお友達と一緒にバスに乗ることができました。

8月はお泊り保育がありました。これまで1人で泊まったことがなかったので、泊まらずに帰るという提案もありましたが、お母さんとしてはお友達と泊まる経験をさせたいと思われ、幼稚園の先生方とひかり園、保護者と話し合いました。泊まるために必要な支援としてあゆみさんのスケジュールを作って幼稚園へ届け、お母さんへも自宅で伝えてもらいました。当日は保育所等訪問支援事業を利用して、先生方と一緒に支援を行いました。夜になり、どうしても眠れない時はお迎えの連絡をするということになっていましたが、大好きなおんぶや静かな所で過ごすなどいろいろ工夫してくださいました。音楽が好きなあゆみさんでしたのでBGMがあることで寝ないのかもと気づかれ、BGMを止めたところ眠ることができ、翌朝ご家族と無事対面できました。1人でお泊りできたことはご家族にとってもあゆみさんにとっても自信になりました。

9月のリンゴ狩りでは、リンゴ園のホームページを利用して、見通しがつけられるように事前にあゆみさんへ見せてくださるなど、お母さんもサポートが上手になってこられました。

10月の運動会では、練習の仕方、マーチングの体系移動、かけっこ、リレーなど一つ一つお母さん、幼稚園、ひかり園の3者が集まって話し合いました。後日先生からお聞きしたのですが、リレーの練習の時、あゆみさんのチームが遅くなるということが起こりました。「あゆみさんを入れてどうしたらよいか」を子どもたちと話し合い、子どもたちからは「距離を短くして前の走者が長く走る」「あゆみさんがどうしても走れない時は最後の走者が走る」など決めたそうです。入園してわずか4か月でしたが、子どもたちがあゆみさんを受け入れてくれていることを感じました。

幼稚園へ入園してからひかり園でもお友達を意識するようになり、周りを見て行動することが多くなり、一緒に参加するのを楽しんでいる変化が見られました。お母さんは初め遠慮しながらお願いされていましたが、お母さんの想いをしっかり伝えられるようになり、必要に応じてひかり園が間に入って一つ一つやり取りをしながら幼稚園生活を過ごしています。

4 地域との連携

児童発達支援を利用する子どもが増えてきている中、併行通園・保育所等訪問支援事業への意見をうかがい連携を深める目的でアンケートを行いました。対象は、ひかり園利用の併行通園児の多い順に幼稚園2園、保育園1園、認定こども園2園にお願いしました。

❶児童発達支援利用園児数と事業所数

5園とも児童発達支援事業を利用しているお子さんが4人から18人、利用している事業所が2から5か所、保育所等訪問支援事業を利用しているお子さんが2人から13人、利用している事業所が1から3か所の結果が出て、5園とも複数の事業所と連携していました。

❷児童発達支援事業と併行通園してよかったこと・困ったこと・要望

よかったこと

・園での困り感を相談でき、支援の方法を学べた。
・個別の支援や少人数の支援で大きな集団ではできないことを支援してもらえ成長した。
・担当者会議で保護者の思いをゆっくり聞く時間がもてた。
・情報交換ができ、共有することで成長を支援できた。
・いろいろなアドバイスがもらえ、専門的なことも学べた。

困ったこと

・午睡途中で通園するのはかわいそう。
・事業所によっては連携を取りにくく、情報が入らない。
・切り替えの難しい子どもは、園へ帰ってきた時の切り替えが難しい。
・事業所と家庭だけで決定せずに、園の意見も聞いてほしい。

・園行事を優先させているが、行事の練習が十分にできないことがある。
・曜日が決まっていると、園行事を入れにくい。

要望

・送迎の時間を守ってほしい。
・作業によっては服が汚れると思うが、汚れたら着替えてきてほしい。
・連携を密にとって、ともに協力していきたい。
・療育内容がわからない。
・療育場面を見たい。
・他の気になる子どもの関わりについて、アドバイスを受ける機会がほしい。
・個別支援計画などを作成する時に相談に乗ってほしい。

❸保育所等訪問支援事業を受け入れてよかったこと・困ったこと・要望

よかったこと

・集団でのリアルな姿を見てもらうことで、具体的にアドバイスがもらえてありがたい。
・困っていることなどその場で助言がもらえる。
・園内の様子など、保護者との間に入ってもらえる。
・おもちゃや教材など教えてもらえる。
・連携ができ、関わり方が勉強になる。

困ったこと

・事業所によって連携をとりづらく、情報が入らない。
・様々な事業所があり、子どもの姿を見るだけで帰られたり、相談しても「もち帰って考えてみます」と言って、返事が全くかえってこない。
・事業所と家庭だけで決定せずに、園の意見も聞いてほしい。
・行事前などバタバタしている時に来られると、周りの子どもたちが落ち着かなくなるので、できるだけ控えてほしい。

要望

・集団で保育をしている中での困り感なので、その時に助言してもらえるとよい。
・多くの子どもが事業所を利用しているので、担当者会議等の日程はあらかじめ相談してほしい。
・他の気になる子どもの関わりについて、アドバイスを受ける機会がほしい。
・幼稚園を紹介する時は、前もって知らせてほしい。
・相談すると来てもらえるので特にない。
・実際の療育場面を見たい。

❹アンケート結果を受けて

全通連の大分大会の発表に向けたアンケートに、忙しい中ご協力くださった各園に感謝します。連携が取れるようになってお互いに情報交換ができ、支援に行かせることが増えてはきていますが、児童発達支援事業を受け入れる園の思いもいろいろであることがわかりました。今後の支援や連携の仕方を考える機会になり、今後へつないでいきたいと思いました。

❺都城市療育支援事業

都城市とお隣の三股町より委託を受けて巡回等支援事業、子育て相談事業、障がいの理解促進に関する事業の3本柱で都城市療育支援事業を実施しています。

・巡回等支援事業

ウルトラマン教室…健診後のフォロー教室、子育て支援センター、幼稚園等、保健センターなどから紹介され、療育の体験と相談を行っています。ひかり園で月1回、子育て支援センターの職員の方と一緒に月3回行っています。ここで体験や相談することで療育へつながる子どもたちも多くいます。

ベビーウルトラマン教室…出産後すぐからの支援が必要な親子が病院からの紹介や、地域の保健師さんから紹介されてきます。子どもさんと一緒に遊びながら、お母さんの悩みを聴き、育児不安を軽減できるよう週1回実施しています。

訪問型支援…第1章4参照

施設支援…幼稚園等より子どもの「困り感が見えた時に保護者へどう伝えていくか」「支援の方法がこれでよいのか」などよくご相談を受けます。幼稚園等へ実施したアンケートの要望にも「他の気になる子へのアドバイスがほしい」という声があがっていました。児童発達支援事業を利用していないお子さんを対象に下の表の流れで施設支援を行います。訪問した後に保護者を交えての支援

巡回等支援事業

保育園・幼稚園・認定こども園より申請
↓
調査票に記入依頼、提出
↓
保育士・心理士が訪問
↓
実施報告書作成
↓
後日保護者を交えて支援会議実施
- 保護者と子どもの状態の共有（園と保護者をつなぐ）
- 支援方法を一緒に考える
- 療育・診断施設へつなぐ

会議で幼稚園等の思いや支援の実際、保護者の思いをうかがい、子どもの状態を共有するようにします。共有することで子どもにとって必要な支援を一緒に考えることができ、児童発達支援を利用していかれるケースもあります。幼稚園等と保護者をつなぐことが役目と思っています。

❻顔と顔をつなぐインフォーマルな学びの場

都城地区では40年近く続いている都城療育研究会があります。保健師、幼稚園等、放課後児童クラブ、児童発達支援事業所、放課後等デイサービス事業所、小学校、支援学校、病院のリハビリテーションなど地域で子どもに関わる人たちが月に1回集まって学んでいます。

希望する人は誰でも参加できるインフォーマルな会で、たくさんの人が参加していて、顔と顔がつながり、情報交換を行い連携の大事な場になっています。

❼保護者と地域をつなぐツール

都城市自立支援協議会児童部会で作成した「ぐんぐんノート」と「じぶんノート」を配布しています。「ぐんぐんノート」は相談へ行くようになった時から、「じぶんノート」は療育を利用するようになった時から利用します。少しずつ利用が広がってきて、「これがあるから便利です」という声も聞かれるようになってきました。

5　子どもの生活と思いを大切に

併行通園を始める時期については、子どもの発達に応じて考えたいのですが、ご家族の状況や幼稚園等の無償化の関係などがあり、「もう少し療育で力をつけてから」と思われる子どもも併行通園が始まるようになってきました。

実際に併行通園が始まると「幼稚園等と療育との利用回数をどうするのか」「幼稚園等と療育はお互いの役割が違うので、どのような支援を行うかの連携をどうとっていくか」「幼稚園等と療育の場で見せる姿が違うことがありますが、どちらもその子の姿と捉え、その子の困り感に応じた支援を考えていく」など子どもを中心に考えていかなければなりません。

2022年大分大会での発表の後、療育の場所を2、3か所利用する子どもが見られるようになってきました。幼稚園等の先生たちから「療育をたくさん利用する子が増えて療育の送迎の対応が大変になってきた」「療育でしてきたことを聞くと幼稚園等でもしていることだけど、自分たちの役割は何だろう」「子どもにとってどうなのだろうか」などの声を聞くようになってきました。ひかり園では、療育の小さな集団でできることを増やして自信をつけて大きな集団で頑張れると思って併行通園を続けてきています。現在いろいろな児童発達支援事業所が増えて選べるようになってきていますが、「子どもにとってどういう支援が必要か」を考える上で、相談支援事業の相談支援専門員の役割が大きくなっています。

保護者は幼稚園等の集団から抜けて、専門的な療育にたくさん通った方がよいのではないかと思われますが、子どもの思いはどうなのでしょうか。併行通園を2年続けていた子が5歳になって言った言葉ですが「トチュウカラヨウチエンニ、イクノハイヤダッタ」と教えてくれました。この子どもの言葉にある思い、子どもの声を聞いて、これからの療育のすすめ方を考えていきたいと思います。

阪上幸代・椎屋恵子（都城子ども療育センターひかり園）

Section 6

気持ちをつなぐ保育所等訪問支援事業

1 児童発達支援センターあははからのつなぎとして

延岡市にある児童発達支援センターあはは（以下、あはは）に通園していた子どもが卒園し、移行先の小学校や特別支援学校へていねいにつなぐ支援として、保育所等訪問支援を行っています。最大の目標は、子どものもっている力を、より早く学校の先生に知っていただくため、そしてあははを頼っていた保護者が、学校の先生を信頼し、ともに子どものことを語り合える姿を見届ける役割を担うこと、だと思っています。ですから、夏が終わる頃には終了になることを目指しています。

2 健診後のフォローと保育所等訪問支援事業

3歳6か月健診でていねいな発達支援が必要ではないかと判断された子どもはほとんどが保育園等に通園しています。児童発達支援事業と併行通園するという提案もできますが、あははでは月に2回土曜日に延岡市療育強化事業のもと「あそびの教室ここ・から」（以下、ここ・から）を開催しており、健診後のフォローとしてここ・からを紹介され、親子であはは遊びに来てくれるケースもあります。ここ・からの日に保育園等の先生方が来てくれて、ともに子どものことを語り合えたり、保護者の頑張りを認め合う機会になればいいのですが、土曜日ということもあり、保育園等の勤務体制上、なかなか外に出られない現状もあるようです。

ここ・からに来ている子どもの様子を見ていると、保育園等ではこの子のよさをわかってもらえているかな、大人が信頼できる存在になっているかな、集団の中で居場所はあるかな、と思うこともしばしばです。そのように思う時、保育所等訪問支援事業を紹介することがあります。保育所等訪問支援事業をスタートしてから、ここ・からを紹介することもあります。できることなら、20数名来てくれている子どもたち全員に対して、保育所等訪問支援事業を紹介したい、こんな福祉サービスがあるよと話したいのですが、保育所等訪問支援事業のスタッフは児童発達支援事業とも兼務していますので、人員配置に余裕がなく、大きな声で紹介できないのが現実です。今や隠し球のようなサービスになっているのかもしれません。

3　保育園の先生方との学び

約7年前のことになりますが、あははから20㎞ほどの保育園にいた2歳児の女の子まなみさんの保育所等訪問支援をさせていただいたことがあります。ご両親ともに就労されていました。ご両親はまなみさんに療育が必要だということを受け止めておられましたが、様々な思いや葛藤があり、あははに通園する方法ではない保育所等訪問支援事業を選ばれました。

生活の大部分を担う保育園には保育所等訪問支援事業を。そしてあらためてわが子を知るために、お母さんの平日のお休みに合わせて延岡市立幼児ことばの教室へ、お父さんは土曜日に「あそびの教室ここ・から」に親子で通われました。

保育園は街から離れていて、自然豊かな場所にあります。廊下から見える裏山にはタケノコがにょきにょき頭を出していたり、「昨日はサルが来てたのよ」なんて日も。給食では延岡の郷土料理のメヒカリの唐揚げを豪快にたくましく食べるような元気な子どもたちと、ベテランの香りがする先生方とでにぎわっている保育園です。行ってみて話をうかがってみると、まなみさんは先生方のずいぶんと悩める存在になっていました。

こちらが訪問させていただくにあたり、日ごろから保健師や地域療育等支援事業のスタッフ、巡回相談のスタッフ、教育委員会の方など様々な方が入られての対応も忙しい中、民間の福祉サービス提供者が月に2回も訪れることにどう思われていたのかはわかりません。

それでも先生方は、約2週間のまなみさんの様子を事細かに記録して、報告してくださいました。しかもかなりの熱量で。訪れるたびにこんなに熱い思いに、あははのスタッフは負けてやしないかと思ったものです。それくらい先生方の姿勢が前のめりでした。

いつも、まなみさんのエピソードと質問がきちんと用意されていました。エピソードを読ませていただいて、「たぶんこういう思いがあってまなみさんはそういう行動に出たと思います」と伝えると、「なーるほど」「へぇー!」なんて言ってくださる。「今度はそうしてみるわね、先生」なんて言ってもらえて私もうれしくなった記憶があります。次に訪問すると、まさに実践していますの報告です。「こうしてみたらこうなったけど、いいのかね、これで」と尋ねてくださいました。「たぶんそうではなくてこうかもしれません」と応えると、「やっぱりそうかー、そっちだったかー。でも、そういうと思った。ハハハー」とニンマリ。

先生方は、観察し、分析し、予測して、実践。また振り返って分析して、次の課題を見つけておられ、その過程を楽しんでいるかのように見えました。〝保育っておもしろいわぁ〟と思われていることが、先生方の言葉や表情から伝わってきました。そのチームに入らせてもらっていることにいつも感謝していました。

まなみさんが就学まであと2年という時お母さんの悩みが深くなってきました。保育園ではなくて単独通園で療育が受けられる施設に行こうかと迷われはじめ、まなみさんがどこで過ごすべきかをみんなで考えました。保育園の先生方もあらためて冷静に考えておられました。まなみさんの未来を考えるからこそです。その悩む先生方と、今までのまなみさんに対する保育園の姿勢を見て、そして環境を考えた時に、必ずしも児童発達支援事業を利用すればいいということではないとはっきりと思いました。お母さんに先生方の思いや熱意、まなみさんの成長とこれからを伝えました。毎日先生方と顔を合わせるお母さんですが、先生方の思いに気づいていなかった部分もあったようです。驚かれるのと同時に「この保育園でよかったです」ととても安心されていました。その時のお母さんの様子やお手紙を、一緒に訪問してきた相談支援専門員と先生方に伝えました。

4 保育園等の現実と私たちの役割

児童発達支援事業や保育所等訪問支援事業を利用し、保育園等に完全に移行しようと試みると、保育園等側は、子どもを支援していく責任を感じられ、環境を考えた上で移行しない方がその子のためではないかと言われることがあります。そして、「いろいろなことがいっぱいいっぱいなんですよ、うちの園」とやんわりと悩みを相談されることになることも。

保育園等の現実は厳しく、ゆとりがあるわけではないことを思い知らされます。

保育所等訪問支援事業は、子どもの発達支援のために、保育園等と保護者をつなぐ役割がまず大切だと思っています。多忙な先生方に発達支援の楽しさを日々の取り組みからあらためて気づいてもらう。先生方のアプローチは、子どもの未来につながっていることを認識してもらう。発達支援は特別なことではなく、子どもの豊かな心を育てること、そのために子どもがわかる、保育園ができる、先生ができることから始めればいいし、今されているその瞬間が素晴らしいことだということを伝え、そしてその実績を保護者に伝える。家庭ではできないことを保育園が担う、保育園ができないことを家庭が担う。子どもを真ん中に、関わる大人が手をつないでいく術を私たちは知っておかなければなりません。子どものために誰かがうんと頑張ればいいのではなく、役割分担をして分かち合うことが大切だと思うのです。

子どものことを語るのにみんながにっこり微笑みながら話すことができたら、保育所等訪問支援事業はお役目終わりなのかなと思っています。終わりを考えていくことも大切です。

5 個別支援計画をつなぐ

赤ちゃんが生まれることと、お母さんがいずれ育休明けに職場復帰することを見越して、今年の3月にあははを退園した4歳児の男の子りょうやさんがいます。先日、りょうやさんの保育所等訪問支援事業1回目にこの事業を担い始めたばかりの作業療法士のスタッフと保育園を訪問してきました。サービス開始前の担当者会議の席での担任の先生の緊張された様子とは違い、りょうやさんの話を次々にしてくださいました。はじめは先生はりょうやさんの大好きなキャラクターを手がかりに関わっていこうとされていましたが、1か月経つと明らかに先生からの報告は変わっていました。「困った時に私の所へ来てくれるようになりました」と言われました。そこ、その姿、あははの児童発達支援管理責任者を中心にりょうやさんの課題、目標に掲げていたところです。先生の視点が、あははのスタッフが大切にしてきた部分と一致していたことに安堵しました。カンファレンスでは、事前に家庭での悩みをお母さんから聴いていたので、そのことも報告し保育園では見せない姿も共有しました。

6 これから

2023年度の保育所等訪問支援事業では、その日の訪問支援の内容を保育園で書かせていただき、そのファイルを先生方に見てもらって、保護者に渡していただく、そして次回の訪問予定日までに保護者がコメントを書いて保育園に提出していただく…ような取り組みを始めました。今まで、保育所等訪問支援事業の実践を見直す、深めていくことができなかった反省があります。ちょっとした取り組みから、保育園等と保護者が子どもの発達について大切に考えていることが形になればと思っています。あはははのスタッフと相談支援専門員とどうあるべきか、どう考えるべきかを練りながら、子どもを真ん中に大人が手をつなぐことにこだわっていきたいと思っています。

隈江　薫（延岡市ＮＰＯ法人ＳＵＮクラブひまわり 児童発達支援センターあはは）

Section 7

大分県発達障がい支援ネットワークのライフステージを通した支援

1 共通理解と連携を大切に

大分県から発達障がい者支援センターの委託を受けている「社会福祉法人萌葱の郷」は１９９１年に自閉症専門施設「めぶき園」を開設した後、２００１年から児童デイサービスセンター「なごみ園」を運営し、早期療育から就労・生活・親亡き後までのライフステージを通した支援を総合的に展開するための事業展開に努めてきました。

私たちは、自閉症・発達障害支援には「共通理解」と「連携」が不可欠であると捉えており、特に強度行動障害に関する支援ニーズには欠かせないことを経験してきました。そのため、法人内における共通理解やスーパーバイズの体制を確立させた支援をすすめていましたが、一法人で行動障害を改善することができても元の環境に戻ったり、地域生活に移行する段階で行動障害が再発したりすることから、行動障害は当事者の課題や問題ではなく、対人支援のあり方や社会のあり方を変革していく必要があると認識するようになりました。

2 大分県発達障がい者実態調査

自閉症の特性を有していても十人十色の特徴や個性があり、1人に適した支援がすべての方に有効なわけではありません。そうした誤解も行動障害を生み出す原因になっていますが、2005（平成17）年に発達障がい者支援センターの委託を受けた時には偏った情報や間違った支援に翻弄されている当事者や家族、支援者の存在が少なくないことから、正しい理解の普及・啓発が求められていました。

また、大分県では発達障がい者支援センターの設置と同時にすすめられた「大分県発達障がい者支援体制整備事業」における実態調査の結果から、「身近な専門家の存在」が当事者や家族に求められていることも明らかになりました。支援者側の課題としても各専門家が自らの領域だけで断片的な支援をすすめてしまうリスクから、支援者同士が連携する仕組みが求められていることを確認することができました。

本調査の結果から、各専門機関が連携して適切な支援を提供することを目指して、専門領域を超え

大分県発達障がい者実態調査
（大分県発達障がい者支援体制整備事業）

発達障害者支援法に定める発達障がい児（者）の乳幼児期から成人期までの各ライフステージに対応する一貫した支援体制の整備について検討を行うための実態把握を行う

平成18年度　発送1,482通　回収1,119通　回収率75.5%
保護者、保育所、幼稚園、学校、施設、相談機関の実態調査

↓

平成19年度　分析のための検討会議　6回
大分県発達障がい者支援体制基本方針の作成

↓

平成20年3月策定　県民意見の募集と反映
大分県発達障がい者支援体制整備基本方針の策定

大分県における発達障がい者支援施策の指針として位置付ける

A：各ライフステージにおけるニーズ
①早期発見・早期療育の体制整備
②生活・就労支援の推進
③学校（学齢期）における支援

B：全てのライフステージにおけるニーズ
①知識の普及・啓発
②専門家の養成
③関係機関の連携体制の整備

※　周知方法：冊子の配布と県ホームページへの掲載

て理解し合い、支え合えるような仕組みを「大分県発達障がい者支援センター連絡協議会」の中で検討することになりました。その際にモデルとなったのが米国ノースカロライナ州ですすめられている「TEACCHプログラム」でした。なぜなら、大分県発達障がい者支援センター長を任された筆者は１９９８年に日本自閉症協会に出向している時に、関係諸機関との障壁を取り除く方法を模索していたところ、同プログラムの創始者であるエリック・ショプラー氏の専門家のコラボレートによる支援体系に共鳴していたからです。

3　大分県発達障がい者支援専門員養成研修

大分県では「九州・山口自閉症研究協議会」を通して、県内外の大学の研究者や医療、教育、福祉の実務者が学際的に研修や交流できる場が50年近く前から設けられていたため、専門家同士の親交が深くありました。そのため、大分県自閉症協会はじめ、医療・保健・教育・福祉・労働・行政が専門領域を超えてつながり合える「大分県発達障がい者支援センター連絡協議会」を組織化させることや、研修内容等の検討をスムーズにすすめることができたのだと思います。

連絡協議会にて研修内容を検討する際には各専門機関からの講義、現場の視察や実務研修を受ける希望が多数寄せられたことによって重層的な研修プログラムを創設することができましたが、視察や実地研

大分県発達障がい者支援センター連絡協議会

構成機関（医療、保健、教育、福祉、労働、保護者等　約25団体）
博愛病院（会長）、国立病院機構、精神保健福祉センター、労働局、
こども未来課、障害福祉課、市障害福祉課、特別支援推進課、
保育連合会、私立幼稚園連合会、障害者職業センター、
知的障害者更生相談所、児童相談所、社会福祉事業団、
知的障害者施設協議会、相談支援事業推進協議会、
就業・生活支援センター、発達障がい者支援専門員の会、
地域生活定着支援センター、警察本部、手をつなぐ育成会、
自閉症協会、発達障がい者支援センター、他関係諸団体

連絡協議会を実施主体とした事業・検討会
①：発達障がい者支援専門員養成研修（H18〜）
②：発達支援ファイル検討会（H19〜）

修を取り入れたことで内容を深めることができた反面、受講者の定員を絞らざるを得なくもなりました。

こうして2006年から「大分県発達障がい者支援専門員養成研修」を開講しており、毎年100名を超える応募者の中から定員の30名を地域や医療・教育・保育・福祉・労働等の所属機関のバランスを考慮しながら選考するようにしています。

4　大分県発達障がい者支援専門員

各専門家が3年間一緒に学び合う中で、目標や支援のあり方を共有することができ、支援現場でも主体的に協働する実践を重ねた結果、第一期の修了を迎えた有志が自分たちで情報交換や専門性の向上をすすめていくために「大分県発達障がい者支援専門員の会」を自主的に発足してくれました。本会の発足に合わせて本支援専門員が各圏域で活躍し、関係機関の支援と連携を向上させるために関係諸機関及び家族によるニーズに応じて専門員を派遣する「大分県発達障がい者支援専門員派遣事業」

大分県発達障がい者支援専門員養成研修

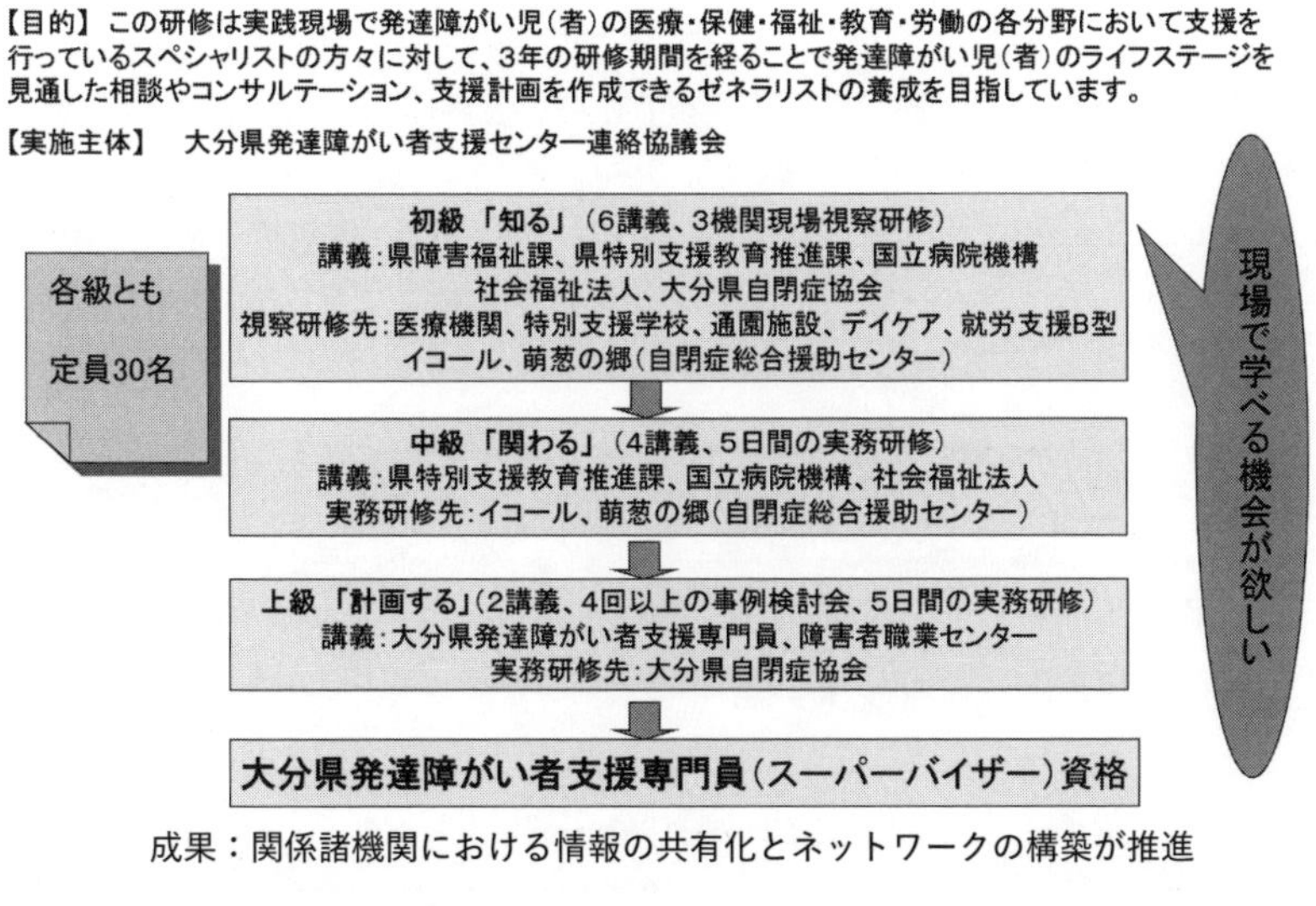
【目的】この研修は実践現場で発達障がい児（者）の医療・保健・福祉・教育・労働の各分野において支援を行っているスペシャリストの方々に対して、3年の研修期間を経ることで発達障がい児（者）のライフステージを見通した相談やコンサルテーション、支援計画を作成できるゼネラリストの養成を目指しています。
【実施主体】　大分県発達障がい者支援センター連絡協議会
各級とも
定員30名
初級「知る」（6講義、3機関現場視察研修）
講義：県障害福祉課、県特別支援教育推進課、国立病院機構
社会福祉法人、大分県自閉症協会
視察研修先：医療機関、特別支援学校、通園施設、デイケア、就労支援B型
イコール、萌葱の郷（自閉症総合援助センター）
中級「関わる」（4講義、5日間の実務研修）
講義：県特別支援教育推進課、国立病院機構、社会福祉法人
実務研修先：イコール、萌葱の郷（自閉症総合援助センター）
上級「計画する」（2講義、4回以上の事例検討会、5日間の実務研修）
講義：大分県発達障がい者支援専門員、障害者職業センター
実務研修先：大分県自閉症協会
大分県発達障がい者支援専門員（スーパーバイザー）資格
現場で学べる機会が欲しい

成果：関係諸機関における情報の共有化とネットワークの構築が推進

大分県発達障がい支援専門員分布図
（圏域ネットワーク）

圏域支所における6つの役割
（ECOALの機能を圏域にて補完する）
①発達障がい児者への療育・相談支援
②発達障がい児者の家族支援
③発達支援登録証の管理
④災害時における発達障がい児者支援
⑤大分県発達障がい者支援専門員事務局
⑥その他の連携拠点（保育コーディネーター、教育、就労関係機関との連携拠点）

令和5年度の体制
大分県発達障がい者支援専門員：251名
ECOAL圏域支所：4ヶ所

大分県発達障がい支援専門員養成研修修了者

平成20年度	15名
平成21年度	31名
平成22年度	33名
平成23年度	26名
平成24年度	18名
平成25年度	19名
平成26年度	19名
平成27年度	28名
平成28年度	28名
平成29年度	25名
平成30年度	26名
令和元年度	25名
令和2年度	17名
令和3年度	21名
令和4年度	30名
合計	361名

北部圏域
中津・宇佐・豊後高田・
29名

東部圏域
杵築・日出・別府・姫島
52名

もも
中部圏域
大分・由布・臼杵・津久見
107名

あーく
西部圏域
日田・玖珠・九重
25名

and U
南部圏域
佐伯
21名

なごみ
豊肥圏域
竹田・豊後大野
17名

※ 平成29年度から更新制度も開催中

大分県発達障がい者支援専門員派遣事業
（ペアレントメンターの派遣含）

圏域からの情報をあつめるとともに、バックアップ支援を行う

年間の派遣実例　合計202件

福祉施設	7	検診・発達相談会	17
保育所	15	相談支援事業所	7
幼稚園	4	親の会	46
小中学校	37	子育て支援センター	2
支援学校	7	行政	14
教育委員会	1	自立支援協議会	1
児発・放デイ	6	その他	30
児童クラブ	8		

派遣内容の例
・保育園や施設、学校の個別支援会議等（ケース会議、ケア会議、カンファレンス、校内委員会）を訪問してコンサルテーションや講師を務める
・地域自立支援協議会等が開催する研修会、事例検討会等でアドバイザーや講師を務める

地域で開かれる個別支援会議、研修会等

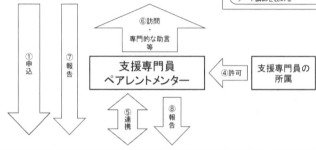

①申込　⑦報告

⑥訪問・専門的な助言等

支援専門員
ペアレントメンター

④許可

支援専門員の所属

⑤連携　⑧報告

大分県発達障がい者支援センター「イコール」

発達障がい支援専門員所属機関等

社会福祉事業団、保育園、幼稚園、認定こども園、小学校、中学校、高等学校、適応指導教室、特別支援学校、相談支援専門員、児童家庭課、子育て支援課、児童クラブ、発達支援センター、放課後デイ、児童養護施設、入所施設、ケアホーム、生活介護、就労支援、居宅支援、就業・生活支援センター、子育て支援センター、青少年自立支援センター、社会福祉士事務所、国立病院機構、医療センター、診療所、精神科デイケア、県障害福祉課、市役所、保健所、児童家庭課、知的障害者更生相談所、公共職業安定所、就業生活支援センター、児童相談所、私立高校、大学、株式会社etc

を大分県のモデル事業として始めたことにより、大分県内においては専門員の存在が各市町村で定着しています。

本専門員の会は立ち上げから十数年の間に発展を遂げ、派遣事業の他にも圏域連絡会や更新制度等を展開しています。また、本事業の最大の成果となる強度行動障害への支援ニーズが激減した理由として、地域のネットワークの中で支援専門員が軸となりながら協働支援や予防的支援をすすめていることが自立支援協議会の中でも報告されるようになりました。こうした活躍の背景には、ネットワークの効果だけでなく、地域に存在する本専門員が自信や誇りをもって支援業務に務めていることが関係しており、その姿は当法人の「萌葱の郷 YouTube（チャンネル萌葱の郷）」でもご覧いただくことができます。

大分県保育コーディネーター分布図
（圏域ネットワーク）

保育コーディネーターに期待される役割
①虐待 ②障がい ③貧困 ④孤独
・外部の専門機関や福祉サービス等に関する情報を有する
・職員の共通理解を高めるために園内研修等を企画運営する
・特別な支援ニーズのある家族と教育や福祉などの外部機関との連携窓口となる
・特別な支援ニーズのある児童の教育保育計画を作成する
・地域交流などの場面で、特別な支援ニーズの普及啓発を行う

令和5年度の体制
活動中の保育コーディネーター：649名
令和5年受講者：57名

養成研修修了者	
平成26年度	85名
平成27年度	81名
平成28年度	112名
平成29年度	97名
平成30年度	115名
令和元年度	109名
令和2年度	1名
令和3年度	96名
令和4年度	46名
修了者合計	742名

※　平成29年度からフォローアップ研修も開催中

5 大分県保育コーディネーターと発達支援ツール

本専門員の活躍により、強度行動障害へのニーズは確実に減少した反面、健診ではフォローできにくい、いわゆる気になる児童とその家庭や保育者への支援ニーズが浮かび上がってきました。保育園等から本養成研修への受講希望者も増加の一途を辿っており、その一方で一機関2名程度の定員枠を変更できないジレンマから、保育園等からも早期支援につながりやすくなるように「保育園にコーディネーターを育てよう」と声をあげると、瞬く間に賛同者が集って「大分県保育コーディネーター養成研修」が大分県の単独事業として始められ、幼児教育・保育施設のほとんどに一定のカリキュラムを受講したコーディネーターを配置できるようになりました。これにより、保育園等と児童発達支援センターの協働支援がすすみやすくなり、早期からの発達保障が向上しています。

これらの養成研修により、特別な支援を必要とする児童への「合理的配慮」が不適切保育の予防にもつながることを理解した保育者が増え、「ていねいな保育」の実践が様々な現場で積み重ねられています。そして、その実践を伝達していくための補助ツールとして、児童一人一人の発達状況を可視化させるコンテンツを保育所保育指針に基づいて開発させ、共有化に向けて研修を開くようにもなりました。

本コンテンツは「幼保連携型認定こども園教育・保育要領」をベースにしながら個別の教育・保育計画の作成に向けて発達段階を確認していくと同時に、障害の有無にかかわらず、すべての児童の「養護」と「五領域」における発達ニーズを保護者をはじめ、関係諸機関と共有したり、就学先に教育・保育内容を引き継いだりする際に活用しています。そのため、「幼保小の架け橋プログラム」の中で本コンテンツを紹介するとともに、保育コーディネーターの方々には自らの教育・保育内容を保護者や関係諸機関に伝達するスキルを磨いてもらうためにフォローアップ研修を開講するようにもなりました。

6 切れ目のない支援体制を

発達障害者支援法には関係諸機関の連携を重視し、発達障害者支援センターが関係諸機関への情報提供や研修、連絡調整等の役割を担うことが明記されています。今回は大分県における発達障がい支援を通したネットワークについて紹介しましたが、数々の事業やコンテンツに

児童一人一人の発達状況を可視化させるコンテンツ
（幼保連携型認定こども園教育・保育要領にある養護と五領域の項目に基づいて）

項目			1期 歳/ヶ月 5/3	2期 歳/ヶ月 5/6	3期 歳/ヶ月 5/9	4期 歳/ヶ月 6/0	特記事項	留意点	関わり、環境構成
養護	生理的欲求や健康増進	園児一人一人の健康状態等の把握	○	○	○	○		歯科治療や衛生、気温設定や検温や適切な着衣等が配慮されているか	家庭での様子について保護者から情報を得ながら配慮していく
		疾病や事故防止	○	○	○	○		予防接種や、交通事故防止に向けた配慮等がされているか	保護者と連絡を密にしながら嘱託医やかかりつけ医等とも連携を行う
		生理的欲求の対応等	○	○	○	○		早寝早起き朝ごはん、排泄に対する快適な配慮がなされているか	家庭での様子について保護者から情報を得ながら配慮していく
		発達の過程に応じた運動と休息等	○	○	○	○		発達段階に即した環境の提供や病気からの回復などが配慮されているか	心身の状態に合わせて園内の環境を整える
	情緒の安定	応答的な触れ合いや言葉掛け	△	△	○	○		応答的な触れ合いや言葉かけのもとで生活を送れているか	スキンシップも含めて人の心地よさや安心感を与える
		信頼関係の構築	○	○	○	○		共感的な態度のもとで、自己表出ができる関係が築けているか	園児が互いに認め信頼し合える機会づくりを行う
		自分への自信や自己肯定感の育成	○	○	○	○		自発的、主体的に取り組めるような配慮がされているか	自発性や探索意欲が高まる環境設定を行う

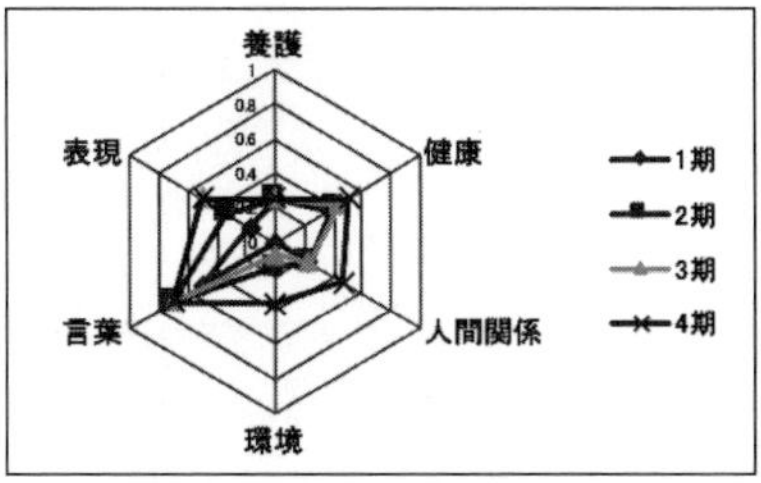

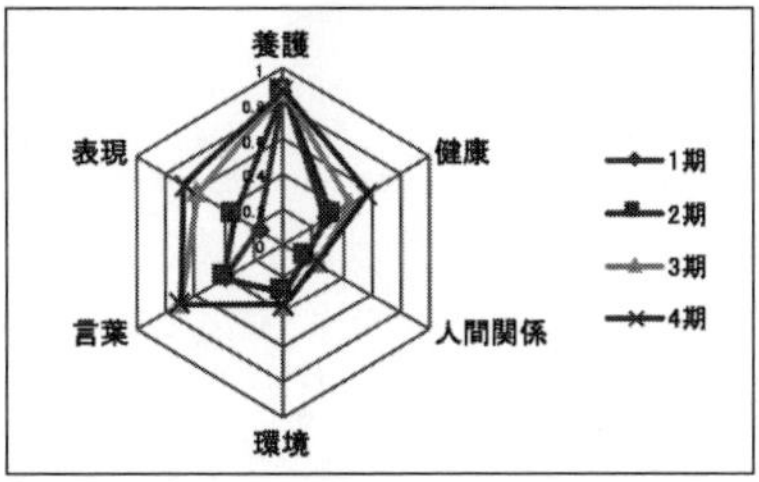

（参考：『幼保連携型認定こども園教育・保育要領解説』フレーベル館、2018）

ついては2023年度から「大分県就学前後の切れ目ない支援体制構築のためのガイドライン」として当事者や家族はもちろんのこと、支援者同士も共有することができるようになりましたので、関心をおもちの方は大分県ホームページ（https://www.pref.oita.jp/ 大分県就学前後の切れ目ない支援体制構築のためのガイドラインについて）からご覧いただけると幸いです。

五十嵐猛（大分県発達障がい者支援センターＥＣＯＡＬ）

第4章

親子の笑顔が広がる自治体づくり

親子が安心して暮らすことのできる自治体の
仕組みづくりに向けた組織的な取り組み

Section 1

自治体の仕組みづくりにおける児童発達支援センターの役割

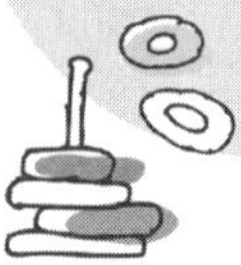

1 早期発見・早期対応の仕組みにおける児童発達センターの位置づけ

地域において、妊娠期から支える保健師が所属する保健センター、療育を行う児童発達支援センター、保育所や認定こども園など、子どもと家族を支える場が整備され、支える仕組みができることが最初は大切です。その後、母子保健、療育、保育という流れがスムーズに行われるよう、連携が必要になってきます。

歴史的に見て、療育の場をつくる取り組みの中で、仕組みがつくられてきた地域があります。保健師が研修会を開きながら療育の必要性を地域に訴えて動かしていった例、実践者が動いていった例などが、これまで全通連から出ている本でも紹介されています。

しかし、このように地域がつながりながら仕組みづくりを行ってきたところがある一方、つながりたくてもつながれないという地域も存在します。つながれない状況はそれぞれで、児童発達支援センターにおける市町村の管轄が障害福祉分野のままになっており、保育所等を管轄する児童関係の課と連携がうまくいかない例、児童発達支援センターの運営法人がＮＰＯなどで療育に通う子どもの対応で精いっぱいなどの例を聞きます。

ただ、児童発達支援センターの運営指針にあたる「児童発達支援ガイドライン」では、地域支援の項目や、関係機関との連携という項目もあり、地域の関係機関をつなぎ、地域の体勢をつくっていく役割が示されています。

早期発見から早期療育、障害児保育へという流れの中で、児童発達支援センターはちょうど真ん中に位置し、母子保健と保育をつないでいます。実際に、市町村の保健センターが行う乳幼児健診後の親子教室へ参加したり、地域によっては療育前グループを行ったりと、早期発見から療育へとスムーズな流れになるよう関わっています。また、療育を経て保育所や幼稚園、認定こども園へ通い始めた子どもたちへ、アフターフォローとして園へ訪問します。このように、それぞれのところへ関わっていく機会が児童発達支援センターにはあります。この中心に位置する役割も連携の中核となっていく上で大切な位置になるのではないでしょうか。

そこで、実際に児童発達支援センターが自治体の仕組みづくりへ関わっていくのにどのような方法がとられているのか、実際の事例に学びながら考えていきたいと思います。

2 地域に働きかける児童発達支援センター

❶ ガイドラインに書かれている連携を行う方法

先ほども紹介した「児童発達支援ガイドライン」には、連携の方法として、保育所等訪問支援や巡回支援専門員整備事業、障害児等療育支援事業等を活用して関係機関を訪問することでつながりをつくっていくことが書かれています。また、自立支援協議会子ども部会や地域の子ども・子育て会議、要保護児童対策地域協議会等へ積極的に参加することによって関係機関と連携し、支援体制を構築していくことが示されています。

❷ 実践事例の地域について

今回、連携の事例として、全通連が2020年6月末に行った実態調査の回答から紹介していきます。それらの事例からどのような自治体の仕組みづくりを行う方法があるのか探っていきます。

❸ 地域支援の実施

実態調査では、47都道府県87自治体に対して、児童発達支援センターの設置状況を聞いています。その中で、その市町村にある児童発達支援センターの実施主体と運営主体、そして地域支援を行っているかということを聞いた項目があります。回答は37自治体からあり、74の児童発達支援センターについて記入がされています。その中で地域支援が未実施という施設は74施設中9施設。そのうち、同じ市町村内で他に児童発達支援センターがないのは4施設でした。ただし、この4施設のうち3施設は保育所等訪問支援を行っており、完全に未実施の地域は1市町村のみといえます。また、地域支援未実施市町村における運営主体はそれぞれだったので、ここは関係がないようでした。

❹ 保育所への支援

保育所等への訪問支援を行っている市町村は25になります。このうち一番多いのが要請に基づく専門職員派遣で9市町村。次に多いのがアフターケアで7市町村。それらのうち1市町村は重なっていました。他に保育所に通所している子どものケース検討や研修の企画などを児童発達支援センターが行っていました。

保育所等訪問支援は32市町村で実施されているので、こちらは一般的な地域支援となってきているようです。

❺自立支援協議会の開催

児童発達支援ガイドラインでは、自立支援協議会子ども部会という名前で紹介されていますが、この調査では自立支援協議会乳幼児部会としてアンケート調査を送りました。そして、この乳幼児部会を開催しているとの回答があった市町村は19でした。この中で、名古屋市は16行政区に自立支援協議会があり、そのうち7行政区に乳幼児部会があります。自立支援協議会乳幼児部会の実施回数では、名古屋市と都城市が一番多く年間12回でした。

出席者は、母子保健事業代表・児童発達支援センター・児童発達支援事業所・障害児相談支援事業所・保育所代表・基幹相談センターの代表者が多いです。紹介した施設以外にも市町村よっては、参加する職種を増やしている傾向があります。例えば、福山市や宮崎市は前述した職種に加え、特別支援学校からも出席しています。小牧市も学校教育課・放課後等デイサービス・子育て世代包括支援センター・児童相談所・当事者団体・契約前事業所が参加者に追加されています。白石市のように県発達障害者支援センター代表・放課後等デイサービス代表・訪問看護ステーション・県保健福祉事務所を追加している場合もあります。

この自立支援協議会乳幼児部会を設置していない自治体においても、その理由を尋ねています。「必要性を認めない」という回答は2件で、あとの8市町村は乳幼児部会とは別の組織で検討しており、うち2件は「乳幼児部会というものはないが子ども部会はあり、そちらで検討している」という回答がありました。

❻自治体の障害乳幼児施策に関して検討する組織の有無

自治体の障害乳幼児施策を検討する組織があるかという質問に対しては、14市町村があると答えていました。このうち6市町村は自立支援協議会子ども部会での検討をしています。それ以外は、各市町村が独自の組織を立ち上げて検討をしています。会議の開催回数は年間2回が多く、最多の岸和田市は年間6回実施しています。

❼障害乳幼児の家族支援等のケース検討を行う公的性格をもつ組織

家族支援に関するケース検討を行う組織についてあるか尋ねたところ、12市町村が実施しているという回答でした。名古屋市は区療育連絡会、川口市は母子保健・発達支援連絡調整会議、鎌倉市は発達システム支援ネットワークをつくり検討をしています。また、泉佐野市では、要保護児童対策地域協議会で行っているようです。会議がない市町村もありますが、10市町村は個別に関係者で相談しているので、そこで話し合いが行われています。

3 児童発達支援センターから地域への働きかけ

地域に社会資源となる児童発達支援センターがあるだけでは、ネットワークはつくられていきません。それぞれの施設が子どもを中心に関わり合い、つながり、支えていくことが必要になります。児童福祉法が改正されていく中で、これから地域には、新たに「こども家庭センター」が設置されます。子ども家庭総合支援拠点（児童福祉）と子育て世代包括支援センター（母子保健）を一体化するものと説明されています。このこども家庭センターも含めて、児童発達支援センターが、直接保育現場を訪ね、支援を通してつながっていく、そして、地域の問題を解決できるようにしていくことが大切であると考えます。2012年からの変化について聞いた項目もありますが、今後、就労家庭がさらに増え、0歳児から保育所へ通う子どもが増えていき、療育を経ないで保育所へ通っている、支援が必要な子どもが今までよりさらに増えてくる可能性もあります。その中で、保育所の保育士を含めた、地域で子どもに関わる人たちを支える役割も児童発達支援センターには重要になると考えています。

藤林清仁（同朋大学）

Section 2 1

滋賀県における自治体同士がつながる活動

1 滋賀県における自治体同士のつながり

❶ 滋賀県障害児地域療育連絡協議会について

滋賀県には公設の児童発達支援事業所による団体、「滋賀県障害児地域療育連絡協議会」（以下、障地連）というものがあります。障地連は１９８４年に発足し、現在も職員の資質向上のための研修会や、事業所・支援者間の情報共有、連携のための会議等を行いながら、滋賀県における地域の療育事業の発展を願って活動を行っています。

図１が２０２２年度時点での障地連加入教

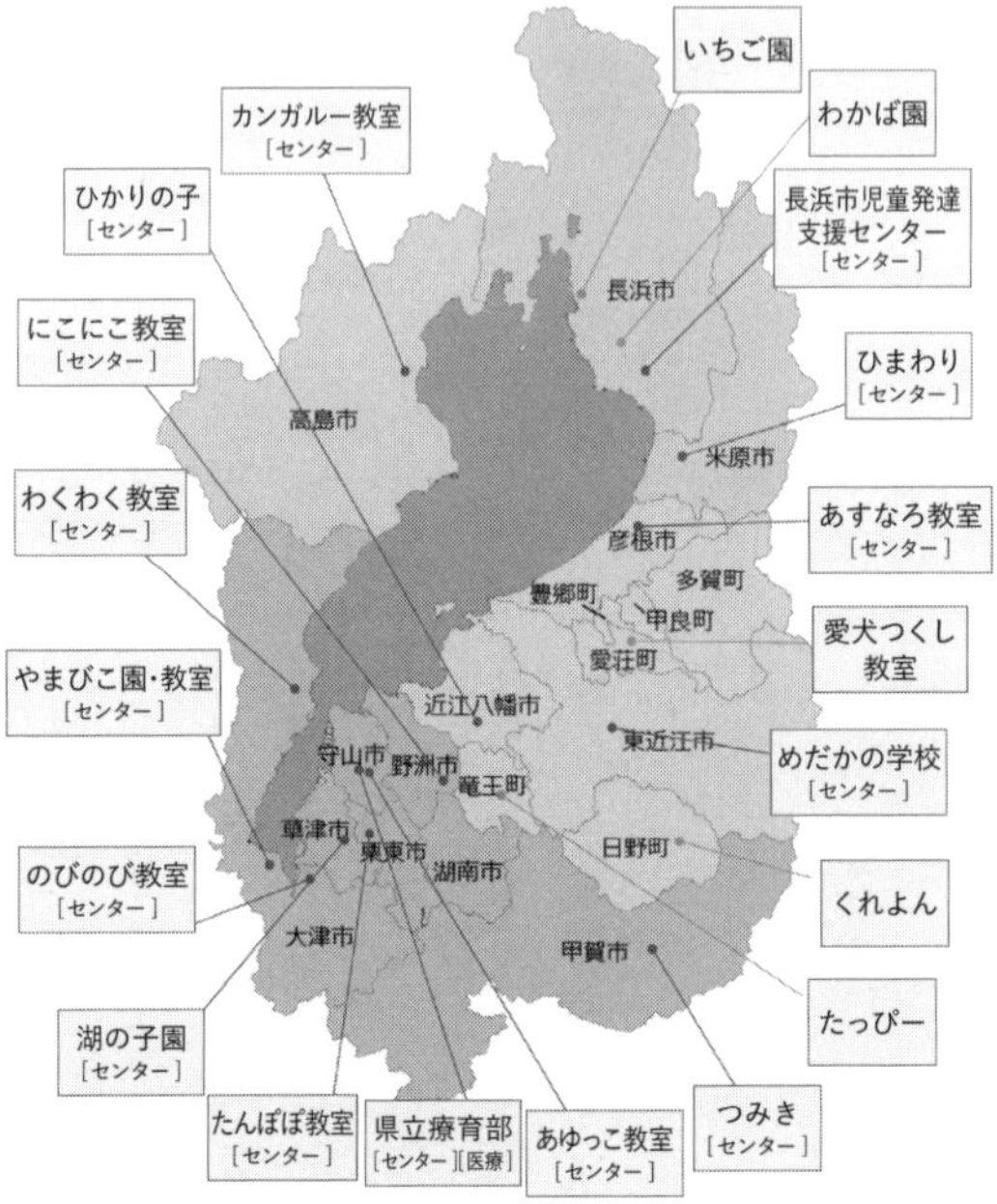

図1　障地連加入教室の一覧

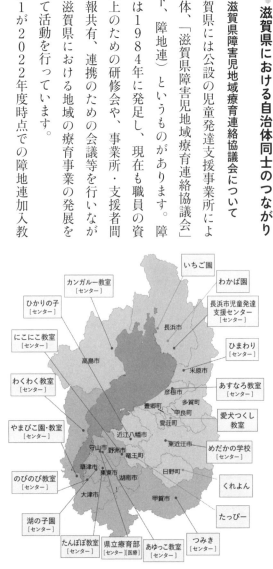

室の一覧です。12市、2町、1広域連合の児童発達支援事業所（指定管理の事業所を含む）と、県立の小児保健医療センター療育部を合わせた20の事業所が加入しています。各市町に公設の事業所が設けられているところが滋賀県の特徴でもあります。近年、各市町において児童発達支援センターへの移行や、保育所等訪問支援の実施が広がっているところです。

❷障地連の結成の背景

１９７０年代に入り、不就学児の対策が必要になっていた頃に、他県では通園施設を設置して養護学校の肩代わりをするということが行われてきましたが、滋賀県では１９８１年に大津市のやまびこ園ができるまでは、県内に知的障害児の通園施設はありませんでした。

そんな中、児童相談所で行われていた3歳半健診の事後フォローや近江八幡保健所での事後フォローの取り組み、近江学園での発達相談活動からつながっていった「大津方式」の取り組みをモデルにしながら、県が福祉圏域ごとに療育事業を試験的に取り入れていったことで、各市町に療育教室ができていきました。「乳幼児健診からの早期発見、早期対応、早期療育」といった大津方式の流れを汲み、滋賀県の療育は各市町のシステムに組み込んでつくられてきました。そのような時代背景の中で、滋賀県内のどこにおいても望ましい地域療育が実践されるようにという支援者の熱い思いのもと、障地連が結成されました。

このように、滋賀県では県の設置義務である通園施設に代わって、各市町が小規模通園事業を行って、就学前の障害児支援をしてきた経緯があります。障地連からも毎年の要望活動など、県へ働きかける中で、県独自の補助金制度の創設や、県の専門職員の派遣が実現されてきました。

❸ 支援費制度の導入に際して

障地連が一致団結して動いた大きな出来事として、２００３年の支援費制度導入の時期が挙げられます。これまで措置制度として市町で必要とされる親子の療育利用につなげていたところが、支援費制度となることで様々なことが危惧されました。特に、利用者の１割負担により、家庭の経済的負担になることや、これまで無償で利用できていた行政サービスが有料になることで、利用が抑制されてしまうのではないかという不安がありました。

障地連においてもこれらの課題を検討しながら、国や県に要望を出していきました。国に対しては、全通連が当時の厚生労働省へ要望活動をされた際に、滋賀県からも一緒に参加をしました。結果的に、当初は支給決定に必要とされていた障害の要件について、保護者の障害受容ができていない場合、「やむを得ない事由」による措置を認めるという、厚労省からの見解を引き出すことになりました。

県に対しては、障地連と県との話し合いの場を設け、利用者の負担にならない方法について議論されました。その結果、これまでと変わらない同一のサービスであれば、利用者負担も同一であるべきという県の見解が示されました。これにより、滋賀県内の療育教室は、これまで通り各自治体が費用負担することになりました。これは現在も引き継がれています。また、出来高払いによる財政的な不安もありましたが、県の補助についてもこれまで通りの実施が確認されました。

県内のどこに住んでいても、療育を必要としている親子が、公平に負担なく通えるように…というねがいのもと、障地連が団結した大きな出来事であったと言えます。

❹ 障地連の転換期

このように市町がつながりながら活動をしてきた障地連ですが、各自治体において乳幼児健診からの一貫した発達支援システムが整備され、研修の機会等も自前で行われるようになってきました。そのようなここ10年くらいの動きの中で、一部ではありますが障地連を脱退する教室や公設民営へ移っていく教室などもあり、自治体の状況も異なってきました。その背景には、社会福祉基礎構造改革によって県から市町に業務が下りてきたことや、児童福祉法改正によって相談支援や保育所等訪問支援など市町の取り扱う事項が増えてきたことなど、各教室に余裕がなくなってきたことも影響していたと考えます。市町の業務が増加し、予算も限られていく中で、障地連としてのあり方が問われるようになってきました。

２０１６年に「障地連あり方検討会」が行われました。この年は、例年の事業をほぼ休止し、団体活動継続の是非が数回にわたって話し合われました。「解散か」という空気も当初はありましたが、やはり発足時の「滋賀県内のどこにおいても望ましい地域療育が実践されるように」というねがいが再確認されました。現在に至るまで、全県域で「利用者負担分免除」が実現できているという事実も、障地連の活動の意義を考える大きな支えとなりました。各教室が無理なく続けられるよう業務の見直しを行いながらも、「顔の見えるつながり」として会を存続していくことで一致し、今に至っています。

2 現在の活動と滋賀県の課題

❶ 障地連の活動

あり方検討会後、新しい会則がつくられ、障地連の組織も整理されました（図2参照）。

毎年各事業所から運営委員を選出し、運営委員を中心に様々な事業の企画、運営を行っています。

障地連の事業には大きく3つの柱があります。

1つ目は支援者の知識及び技術など、支援の質の向上を図るために必要な研修及び研究、情報交換等の事業です。年に数回、講師を招いた研修会や各教室の施設見学研修、それぞれの実践に学び合う実践研究会など、研修部が中心となって企画しています。教室ごとに療育の実施形態や体制は違いますが、互いに学び合い、刺激を与え合いながら、療育の中で大事にしていきたい視点を確認し合っています。

2つ目は適切な事業実施、円滑な事業所運営を行うために必要な研修及び情報収集、情報交換、システム改善等の事業です。施設長会や児童発達支援管理責任者会などを年に2回ほど実施しています。施設長会においては、それぞれの事業所やその地域の課題を出し合いながら、滋賀県における課題としてまとめ、県への要望を毎年行っています。特に県北部の重症心身障

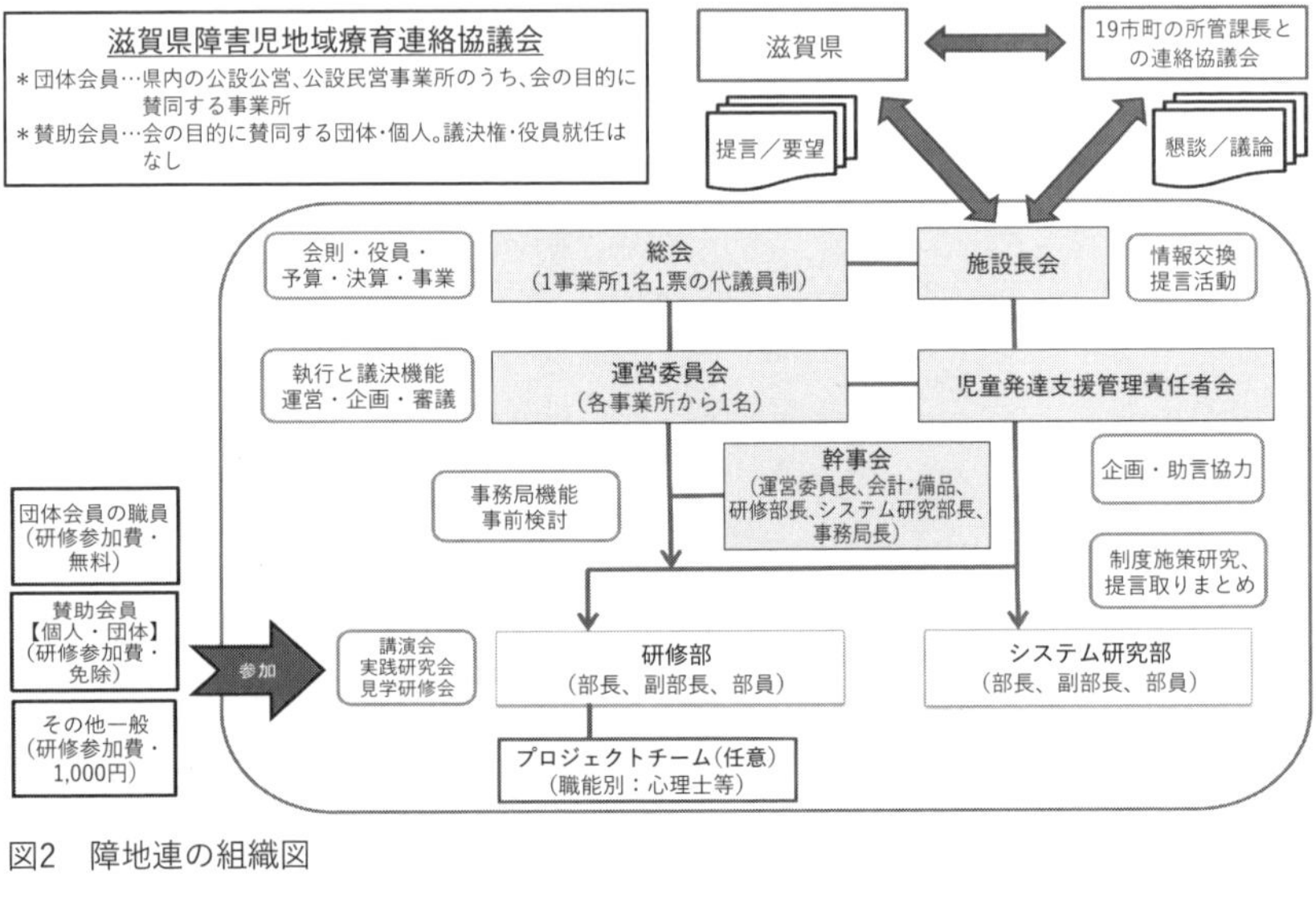

図2　障地連の組織図

害児に対する医療・療育の拠点整備は毎年掲げているもので、滋賀県の課題だと言えます。

３つ目は個別支援の課題から地域課題への集約、分析把握及び課題解決のために必要な施策提案等を行う事業です。主にシステム研究部が中心となってアンケート調査や学習会を実施し、それぞれの地域の課題を探りながら課題解決に必要な施策提案を行う活動をしています。また、毎年の実践研究会において分科会発表も行っています。

❷アンケート調査から見る滋賀県の課題

２０２１年度の障地連システム研究部では、障地連に加入している各自治体における「地域支援」をテーマにアンケート調査を実施しました。児童発達支援ガイドラインでは、「地域支援」について、「保育所等の子育て支援機関などの関係機関との連携をすすめ、地域の子育て環境や支援体制の構築を図る」と述べられています。公設事業所である我々療育教室が地域に果たすべき役割として、「事業所の直接的な収益にはつながりにくいが、地域にとって必要なこと」を探り、ていねいに取り組んでいくことも挙げられるのではないかという問題意識のもと、いくつかの調査を行いました。その中の①保育園・幼稚園などの支援者に対する支援、②民間児童発達支援事業所との連携、③児童発達支援につながっていない要支援児や保護者に対するアプローチに関する調査結果について紹介します。

①保育園・幼稚園などの支援者に対する支援
「療育教室主催の研修会を行っている」「保育園・幼稚園主管の課が主催の研修会に講師として参加している」など、ほとんどの療育教室が療育の専門性を活かした研修に携わっていると回答しました。

②民間児童発達支援事業所との連携

滋賀県は民間事業所の多い地域と少ない地域があるため、回答にばらつきがあるものの、「連絡会を立ち上げて、情報共有や勉強会を行っている」「依頼があれば研修会の講師として派遣している」「連絡会の中で児童発達支援利用のガイドブックを作成した」といった回答がありました。２０１９年のシステム研究部の調査の中では、民間事業所との連絡会を実施していると回答したのは2自治体のみでしたが、今回は実施しているところや今後計画していると回答した自治体が増えていました。

③児童発達支援につながっていない要支援児とその保護者に対する支援について

療育教室の利用者として契約を結んでいる親子以外にも、地域の支援が必要と思われる親子に療育の専門性を活かした支援を行っているかという問いには、いくつかの自治体から「療育教室の保護者対象の学習会（福祉制度など）に、地域の加配制度を利用している保護者にも案内をして参加を呼びかけている」「療育教室として契約前の要支援児に『療育前教室』『親子体験教室』などを行っている」「市の職員として療育教室の保育士が別部署の事業に兼務で参加している」「療育教室として関係者会議に参加して要支援児を把握している」といった回答が見られました。

２０２２年の児童福祉法改正において、児童発達支援センターが地域における障害児支援の中核的役割を担うことの明確化が示されました。滋賀県は公設の児童発達支援事業所のほとんどが児童発達支援センターや市町の支援の中心となる事業所であり、今回のアンケート調査の問題意識のように、「事業所の直接的収益につながりにくいが、地域にとって必要なこと」に応えていくことが、今後ますます求められていくと考えます。

❸ 地域がつながる、地域に広げる

２０２１年度に全通連の全国大会が滋賀県で開催され、「全ての子どもが育ち、子育てしやすい地域づくりに向けて」というテーマの実践報告の中で、障地連の活動についても報告させていただきました。報告にあたっては運営委員会のメンバーで内容を協議しましたが、障地連における活動のこれまでの経緯や理念を振り返ることができ、私も含め、自分の所属する自治体の支援システムがすでにある程度整っている時代しか知らない若いメンバーにとって、自治体同士がつながることの意義を学ぶ貴重な機会となりました。

地域での発達支援を支えていくためには、乳幼児健診からの「早期発見・対応・療育」が重要であり、各自治体の共通理念として今後も守っていくべき軸だと考えます。そして、次々と変化していく法制度等に振り回されないよう、国から下りてくることをじっくりと吟味し、学習していく中で、連携して各自治体の事業所へ広めていく役割も障地連に求められます。

今後もそれぞれの自治体の取り組みに学び、ともに課題を共有しながら、地域の支援力を高めていくために活動を続けたいと考えています。どこに住んでいても公平に良質な支援が受けられるように…、それが私たちのねがいです。

中程良子（滋賀県障害児地域療育連絡協議会）

Section 2-2

大分県における療育分野の形成と変容

1 大分県の児童発達支援・放課後等デイサービス設立までのあゆみ

２０２１年現在、大分県で開設している児童発達支援は91事業所、放課後等デイサービスは１８０事業所存在しています。大分県における療育分野の歩みは１９５７年に別府市に開設された肢体不自由児施設である別府整肢園（現在、別府発達医療センター）を中心に、長年医療系法人が大分の療育を支えてきていました。別府市は大分県の県庁所在地ではないものの、大分県の中央部に位置しており、交通の要所です。大分県には長年、障害児の通園する専門施設が別府発達医療センターだけだったので、障害のある子どもが住んでいる身近な地域ではなく、遠く離れていたとしても別府市の施設まで大分県内各地から親子で通園することが当然の状況でした。

１９７２年10月、のちに児童デイサービスや児童発達支援となる心身障害児通園事業が制度化されましたが、大分県において心身障害児通園事業はすぐには開設されずに、別府整肢園以外の療育の場が各地にできはじめたのは、１９９８年に大分県北部の中津市と大分県西部の日田市に児童デイサービス施設が開設されてからです。そのため大分県では40年以上別府市の肢体不自由児施設だけが障害児支援の場でした。1998年から2012年の児童デイサービスから児童発達支援への制度改正までの14年間で、大分県内各地に児童デイサービス施設は毎年1～3施設が開設されました。児童デイサービスのみならず、知的障害児通園施設についてもこの時期に大分市内にあった医療機関を有する2つの社会福祉法人によって、それぞれ2施設が開設されます。ちなみに2006年の障害者自立支援法施行段階において、大分県内に児童デイサービス施設は15施設でしたが、その内6施設が医療法人であり1施設が社会医療法人財団であり、約半数の7施設が医療系法人の運営する施設でした。また医療法人だけをみても2006年全国の児童デイサービス施設における医療法人は15施設であり、そのうち6施設が大分県にありました。通園施設の状況と児童デイサービス施設の状況ともに大分県は医療系の療育施設の多い地域だったといえます。

2 医療系療育施設が多かった背景

大分県では過去に公立の療育センターをつくる運動がありました。国の障害者プランの実施に際し、大分市が障害者計画を策定するのに伴い、名古屋や広島において公立の療育センターを求める運動が起きたのを知った、大分市内の障害児の養育者を中心とした民間の有志によって運動がはじまりました。「大分市に公立の療育センターをつくる会」(以下、つくる会)結成総会には約100人の参加者が集まり、初日だけでつくる会の入会者は85人も集まりました。つくる会の役員15人のうち半数以上が当事者である障害児の母親でした。

つくる会は、会員拡大活動や署名活動をしつつ、学習会や先進地の施設見学を行い、大分市に対して陳情を行う準備をしていきました。つくる会は発足1か月で会員数が200人を超え、全国障害者問題研究会副委員長の白石正久氏を招いた早期発見、早期療育の重要性についての学習会には140人の参加者が集まりました。また、つくる会の活動は新聞やテレビなど、多くのメディアでも取り上げられ、NHKの番組にはつくる会役員である障害児の母親が出演し、養育者の立場から療育センターの必要性を社会に対して訴えました。さらに、毎週日曜日に大分市の中心街で養育者自身がマイクを手に療育センター建設を呼びかける署名活動を実施しました。そして、つくる会は3万人分を超える署名を集めたのでした。

大分市は、運動発足当初から『大分市議会だより』の中で、社会福祉部長が「ニーズ等を把握し民間エネルギーの導入を考慮しながら、関係機関と協議していきたい」と述べています。そして、大分市議会1997年9月定例会において、3万人を超える署名とともに「大分市にすべての障害児を対象とした相談・療育・訓練・医療のできる公立の療育センターの早期実現を求める請願」が提出されました。9月定例会において結論は出ず、継続審議となりました。続く1998年3月定例会においても、継続審議となり結論が出されなかったのですが、1998年6月の定例会において、公立の療育センターを求める請願は不採択となりました。その後の1998年12月の定例会において、「大分市にすべての障害児を対象とした相談・療育・訓練・医療のできる療育センターの実現を早期に求める陳情」がなされ、継続審議となりました。続く1999年3月定例会・1999年6月定例会・1999年9月定例会においても継続審議となり、1999年12月定例会において不採択となりました。

その後、2001年3月の定例会において、既存の別府市にある医療施設の分園が大分市に設置されることや、民間医療機関が母体となった社会福祉法人が知的障害児通園施設を設置することになった経緯から、つくる会を中心とした市民からの陳情は退けられ、大分市に公立の療育センターは設置されることはありませんでした。

大分市において、3万人を超える署名を集めた、障害児の養育者を中心とした市民運動による、公立の療育センターをつくる運動は結実しませんでした。しかし、この市民運動をきっかけとして、大分市に民間の療育施設が生まれました。公立の療育センターを求める運動が不採択になった理由にも挙げられた、民間医療機関の通園施設もこの頃大分市内に設置されたのです。

1999年10月に大分市に初めて障害児通園事業（デイサービス）として設置された、「こども発達支援センター一休さん」の施設園長は、公立の療育センターをつくる会の運動に参加した医師の一人でした。また、その後もつくる会の会長を務めた医師によって、別の児童デイサービス施設である「子育て・療育支援センターきらり」が開設されました。つまり、公立の療育センターを求めた運動以前は、大分市内には療育施設がなかったのですが、運動の後、民間の医療系療育施設が設置されていったのです。

3 施設間ネットワークの形成

大分県内における施設同士のネットワークは全国的施設ネットワークの状況と類似しています。心身障害児通園事業や児童デイサービス由来の施設が集まった全通連と同様に、児童デイサービス由来の事業所が集った大分県発達支援通園事業連絡協議会、のちの大分県障害児通所支援連合会（以下、大分県通連）と、通園施設が中心となった児童発達支援センターにより設立された全国児童発達支援協議会（ＣＤＳＪａｐａｎ）を参考に組織された大分県児童発達支援協議会があります。また加盟条件が社会福祉法人の事業所のみに限定されている大分県知的障害者施設協議会内（以下、知障協）の児童発達支援部会の3団体があります。

大分県内での施設同士のネットワークの自主的な発足は、２００3年に支援費制度による児童デイサービス制度がはじまるにあたり、小規模な事業者に対する報酬単価案が示されたことへの対応策を検討するため、大分県通連へと発展していく元になる連絡会が立ち上がります。当時大分県内の療育施設は、医療機関によって設立された施設が多く発言力があったのですが、連絡会は医療機関の療育施設だけではなく社会福祉法人やＮＰＯ法人による施設が中心となり集い発展していきました。２００6年に障害者自立支援法が施行され、主に就学児に向けた支援を実施する児童デイサービスⅡ型が3年間の経過措置として示された後に、全国放課後連の発信により児童デイサービスⅡ型廃止反対の署名活動がなされた時には、大分県内の児童デイサービス施設関係者が集い署名活動を行い、それとともに大分県独自の活動として、大分県選出の国会議員に対しての陳情を行いました。

署名活動を通じて施設間のネットワークが構築されてきた時に、２００7年9月に全通連の第11回全国大会が大分県で開催されることになりました。そこで大会実行委員会として、連絡会の発展として、大分県児童デイサービス連絡協議会が２００6年正式に組織されました。大分県児童デイサービス連絡協議会には当時大分県内に15施設あった児童デイサービス中13施設が集い、大会シンポジウムでは県内6施設が大分における療育の実践を全国に発信しました。この大会を通じて、大分の児童デイサービスの運営法人が医療法人による割合が高い状況が、他の地域の療育関係者に知られることとなりました。毎月のように開催された大会実行委員会活動を通じて大分県児童デイサービス連絡協議会の施設間のネットワークはより密になり、全通連全国大会終了後も大分県児童デイサービス連絡協議会の活動は継続されました。

4 県内に広がる児童発達支援センター化

２０１２年に児童デイサービスから児童発達支援と放課後等デイサービスへと制度が変わる中で、制度開始当初は通園施設と児童デイサービス施設が児童発達支援へと施設形態を変え、障害福祉分野で事業を行っていた大分県内の他の社会福祉法人による新規の児童発達支援事業所の開設がなされ、児童デイサービス時代よりも事業所数を増やし、大分県内の児童発達支援は24事業所となりました。

また２０１４年には、大分県が主導して児童発達支援センターを各保健所圏域に設置する事業が行われました。この事業が実施されるまでは大分県内には福祉型児童発達支援センターが5施設と医療型児童発達支援センターが1施設あったのですが、その中の4施設は大分市にあり、児童発達支援センターの立地に偏在性が大きくありました。そこで大分県障害福祉課が主導して、各保健所圏域に一つずつ児童発達支援センターを開設することを目指し、大分市圏域を除く5圏域で、施設改修費の補助と職員研修を一体とした児童発達支援センター設立の公募がなされました。これには各圏域で、児童発達支援事業を行っていた社会福祉法人のみならず、障害福祉分野の事業はしていたものの児童の分野は未経験だった社会福祉法人も応募しました。この公募については社会福祉法人に限定されてはいなかったのですが、結果的に応募した5施設はすべて社会福祉法人でした。この5施設中3施設は事業公募以前には児童発達支援事業や児童デイサービスを行っていませんでした。この事業により大分県内すべての保健所圏域に児童発達支援センターが設立されることになります。その後、大分市と大分県西部において児童発達支援事業を行っていた2事業所が児童発達支援センターへと指定を変更していき、各地に児童発達支援センターが広がりました。

5 支所会から動いた大分県の無償化

2015年2月、大分県発達障がい者支援センターＥＣＯＡＬにより、大分県通連の役員事業所に対して、ＥＣＯＡＬの支所機能を委嘱され、毎月定例支所会議(以下、支所会)を実施するようになりました。大分市・豊後大野市・玖珠町の事業所が集い、その後に佐伯市の事業所も支所として委嘱され、障害児通所支援について、行政の動向について、関係するペアレントメンターや発達障がい者支援専門員についてなど、大分県内の障害福祉や子育て支援に関する情報を集約して検討を重ねる機会となっています。また支所会は大分県通連の役員会も兼ねていることから、全国の情報や全通連と厚生労働省との懇談会の様子なども共有されています。また支所会では大分県通連の役員会のみならず、知障協児童発達支援部会通所部門の施設長会議や大分県発達障がい者支援専門員の会事務局会議、大分県青年経営者協議会(以下、青年経営協)障害児通所支援施設長会や大分子ども子育て支援連絡協議会役員会も兼ねています。大分において様々な全国組織とつながりのある団体があるものの、団体の役員を担う施設は限られており、集約できるものは集約する方が効率的だという考えから、支所会において兼ねる会議が増えていきました。そのような中で、大分県の児童発達支援無償化は実現されました。

九州では2007年鹿児島県鹿児島市において父母の会運動を通じて児童デイサービス利用料の無償化が実現し、離島を除く鹿児島県内全域において無償化が広がり、その後の児童発達支援・放課後等デイサービスの利用料の無償化につながっています。この情報は全通連から発信され、大分県通連役員会を兼ねている支所会にて会員施設間に情報が共有されました。奇しくも2019年10月幼児教育・保育の無償化の実現により、3歳以上の児童に対する児童発達支援の利用料金の無償化が全国でスタートする中で、鹿児島のように0～2歳の児童発達支援の利用料の無償化が大分でも実現できないか支所会にて議論されました。そこで知障協の制度政策委員会に対する要望において、鹿児島の例を示しつつ無償化を要望することと、2020年2月に青年経営協が大分県知事との懇談会を行う場において、大分県知事に直接要望することが決まり実行されました。大分県は「子育て満足度日本一」を県の重要な目標に掲げており、大分県の広瀬知事と直接意見交換をする場面において、鹿児島での無償化を例に挙げて、障害児通所支援の0～2歳の無償化が子育て満足度につながると要望しました。すると広瀬知事が隣にいた秘書官に対して「覚えておいて」と言い、翌日大分県障害福祉課の課長から電話にて「詳しい話を知りたい」と連絡がありました。そして、2021年4月より大分県すべての市町村で障害児通所支援の0～2歳の無償化が実現されました。

支所会はその後も、毎月情報交換と制度研究を重ねました。そして大分県において2回目の全通連

大分県知事と懇談

全国大会実施にあわせて、２０２２年10月に一般社団法人大分県通所支援連合会として法人格を取得し、新型コロナウイルス感染症により1年の延期を経て、２０２２年11月に第25回全通連全国大会.in大分を開催しました。

初出
田中一旭「『発達が気になる子ども』への療育分野の形成と変容」（博士論文）大分大学大学院経済学研究科２０１８・2提出、一部加筆。

田中一旭（大分市 こども発達支援センターもも 施設長）

Section 3

自治体の仕組みづくりに向けた親と職員の運動

名古屋市実現させる会の活動を通して

1 実現させる会とは――活動と地域療育センターの整備について

『地域療育センターの早期建設を実現させる会』（以下、実現させる会）は、１９９０年11月に結成された、名古屋市内の児童発達支援センターの保護者会を中心に、障がい児関係の団体や福祉施設関係の労働組合で構成される民間の団体です。〝より身近なところで安心して、療育・相談・医療・訓練が受けられるように地域療育センターをつくろう〟というねがいをもとに、この会が立ち上げられました。市民団体としては全国初の団体で、現在は、ＯＢ、公立保育園父母の会、父母ネット（現在は「よかネット」）も含め、地域療育センターの建設と障がい児福祉の向上を目指して活動をしてきています。

実現させる会では、〝発達に遅れをもつ子どもたちによりよい療育を！〟というねがいのもと、これまで様々な要求活動に取り組んできました。活動の甲斐があり、１９９１年度予算に建設費が計上されることとなり、地域療育センターの今後の運営などに関する問題についての意見を聞く場をもつことを約束してもらえました。しかし、担当局は一定の努力をしてくださいましたが、厳しい財政事情の中で福祉には十分な予算が回ってきませんでした。そこで、予算を決める市議会に対して請願活動をしたり、保護者の方がマイクを握り現状を訴える街頭宣伝などを行ったり、市民への呼びかけも含めた粘り強い活動を積み重ねてきました。

地域療育センターは、障がいや発達への不安をもつすべての子どもたちとその家族に対して、身近なところで適切な療育（保育・訓練・治療）を行うことや、できるだけ早い時期に発達や成長上の不安や悩みについての相談を行うことを目的としています。そんな地域療育センターの建設について、名古屋市では新基本計画（1988年制定）において、2000年までに市内5か所に地域療育センターの整備を行うとしていました。地域療育センターの1号館（現、西部地域療育センター）が1993年に、2号館の南部地域療育センターそよ風が1996年に、そして2003年に3号館として北部地域療育センターが開設されました。あわせてあった学園が発達センターあつたとなり、廃止予定であったちよだ学園は保護者会による署名活動などが実を結び、発達センターちよだとなりスタートし、2010年には中央療育センターが開設。2014年には東部地域療育センターぽけっとが開設されて、14年遅れではありますが5か所の地域療育センターが整備されました。

しかし、初診の予約をしても数か月待たなくてはいけないことや、希望してもなかなか入園できないといった状況は解消されておらず、発達センターちよだ、あつたの老朽化問題など、まだまだすべての親子のニーズに応えられていないのが現状です。各施設の抱える問題や、新たに出てきた問題を解決すべく活動を継続してきています。

2 これまでの活動

〝よりよい療育を〟と思いつつ、〝制度を変えていこう！〟〝市に訴えていこう！〟と思うと、どこか難しそう…、そんなことできるかしら、と思われる親御さんもたくさんいらっしゃいます。実現させる会の中では、市内のいろんな地域の児童発達支援センターに通う親御さんとの交流やつながりを大切に、それぞれ状況を出し合ったり、気になること、悩んでいることなどをテーマに交流会をしたり、先輩お母さんや講師の方に来ていただき学習会をしたりしながら、みんなで学び合いながら活動をすすめてきています。ここでは、最近の主な活動について取り上げていきます。

❶ 民間社会福祉施設運営費補給金制度

児童発達支援センターは施設運営において、国から子どもの出席人数に応じて給付金が出されています。2015年度までは給付金だけでは足りない運営費を、名古屋市から運営費補給金として補われていました。しかし、2015年度から財政上の事由により名古屋市が民間施設への補助金制度を、みなし出席率で支給額を固定するものに変更することとしました。これは、子どもたちの出席を、みなし出席率で出席したものと見込み、出席の足りない部分については、運営法人が負担するという考え方です。この制度は保育園にはないもので、体調を崩しやすい子どもや障がいの重い子どもたちも多くいる療育の場では、設定された出席率のラインを超えることはとても難しく、到底届かないのが現状でした。

毎日通うことのできる条件があるからこそ、体調のよい日は安心して通うことができます。わが子が休むことで施設へ迷惑をかける…そんなお母さんの不安な思いがあってはなりません。また、欠席を見込んで定員以上の受け入れをすることで出席率を上げられるという考えもありましたが、それは療育の質の低下につながるのではないか、出席できない子どもに対して、訪問を含めたていねいなフォローを行うことこそが本来必要なことなのではないかということも話してきました。どんな障がいがあっても、子どもたちが安心して毎日通える療育センターであることを望み、現状や矛盾を名古屋市に粘り強く訴え続ける中で、元々の出席率に引き下げること、廃止につながりました。さらに重症心身障害児の受け入れ人数によって加算がつくようにもなりました。各センターの保護者会を中心に請願署名や市交渉での継続的な運動により、思いが届いたと感じます。

❷ 0～2歳児の利用料の無償化、給食費の実費負担について

２０１９年秋には、幼児教育無償化が実施されました。この制度により、3歳児以上のお子さんの保育料が無償化となりましたが、ここでの大きな矛盾が0～2歳児の利用料は実費負担ということでした。子育てをしているお母さん、お父さんが不安を感じ、どこかに相談したい、療育を受けたい…と思っても、利用料を支払って通うことに抵抗を感じ「3歳まで様子をみようか…」と足が遠のいてしまうようなことになれば、早期発見、早期療育のシステムが崩れてしまいます。少しでも安心して子育てができるように、困っている親子を支える支援が行えるように、と請願として保護者が署名を集め、名古屋市に訴え続けてきました。

また、給食費についても実費徴収の方向が出されましたが、療育の場では障がい特性上、食べられるものの幅が狭く、一定量を食べられないお子さんも多くいるのが現状です。嚥下や咀嚼、姿勢保持や口

内感覚、強い偏食により食の幅が狭まり、悩みを抱えている親子への発達支援として、大きな位置を占めています。だからこそ、親子ともに支援のできるセンターでの給食に実費負担がかかることは「食の保障」ができなくなることが考えられました。食べなくても見て、嗅いで、触って感じること、少量から口にすることを積み重ね安心して食べられるようになっていったり、毎日一緒に過ごす保育者やお友達がおいしそうに食べるのを見て、食べてみたい気持ちが引き出されたりすることもあります。給食を療育と位置づけ、給食費の補助金を引き続き維持してほしい思いを訴えてきました。

これらの活動から、2022年10月から0～2歳児の利用料の無償化が実現し、給食費についても名古屋市独自の減免制度により上限一律で保たれています。

❸ 発達センターあつた、発達センターちよだの存続

2003年に名古屋市から社会福祉法人が移管を受けた発達センターあつた・ちよだは、あつたが築49年、ちよだが築54年を経過し、園舎の老朽化が進み、雨漏りや漏電、地震や台風による災害への対策も早急な課題となっています。また、療育センターではないため、身体障がいなどリハビリ・医療対応が必要なお子さんが通える体制になっていないことや、ケースワーカーや療育グループのスタッフ配置もされていません。そのため、相談や訓練は他の療育センターや病院までセンターをお休みするか遅刻、早退をして通っている現状もあります。市内のどこに住んでいても同じ療育が受けられるシステムづくりや施設の整備、建て替えを願い、現状と思いを伝えてきています。

なかなか名古屋市から具体的な案が提起されることはありませんでしたが、新たに「名古屋市の療育施設及び児童発達支援センターの充実を求める請願書」を提出し、引き続き訴えることをしてきました。

安心して子どもたちを預けることのできる環境や、毎日通っている場所で発達相談や訓練が受けられること、先のこととあわせ、現状での修繕などを実施してほしいことなどを、体験談や現状を踏まえ市交渉の中でも伝えてきました。訴えてきた現状や思いもあり、改築についての方向性については、2021年度に名古屋市から出された「今後の名古屋市早期子ども発達支援体制に関する方針」の中で正式に示されることとなりました。また、「なごや子ども・子育てわくわくプラン2024」では、地域療育センター7か所構想として、増設に向けた検討をすすめるとともに、機能拡充を検討することが掲げられてきています。ただ、具体的な建設先はまだ決まっていないため、場所の選定や建物の活用など、地域療育センター化の思いなど、引き続き名古屋市に訴えながらすすめていきたいところです。

3 現在の活動について

月に1回ほど、各センターを順々に会場としながら実現させる会の活動（幹事会）を行ってきていました。しかし、コロナ禍になってからは集まっての活動が難しくなり、実現させる会の活動として思うように動けないことも多くありました。各センターを会場として行っていた時は、普段なかなか知ることのできない他のセンターの状況を直に知ることができたり、直接顔を合わせ交流したりすることができ、保護者の方にとっても情報交換、交流の場となっていました。これまで続けてきた活動をどういった形であれば行えるかということを検討し、2021年度は〝実現させる会の活動を止めない〟とZOOMでの幹事会を開催し、各センターの状況交流、それぞれの要求をまとめ訴えた市交渉、ZOOM開催の学習会などを行ってきました。従来のやり方にプラスして新たなやり方で試行錯誤しながら〝活動を続ける〟ことを意識してきました。直接話をできない難しさはありながらも、以前はお子さんの状況や家庭の都合で各センターに出向くことの難しかった保護者の方も参加しやすくなったり、実現させる会担当の保護者の方以外の参加にもつながってきました。また、市交渉も少人数に制限されての実施となりましたが、直接保護者の言葉で伝えることを大切に取り組んできました。今後、緩和され改めてより多くの保護者の声を届ける活動ができたらと思います。

4 学び合えるよさ、交流を通してのつながり、仲間の広がり

実現させる会に参加した保護者の方からは、「難しそうな活動と思っていたが、いろんなお母さんたちと交流する中で少しずつわかるようになってきた」「毎年同じようなことを名古屋市に訴えていると思っていたけれど、先輩お母さんたちが訴えてきたからこそ変わってきたことや、今保障されている保育や療育があることを知り、自分たちも今後療育センターに通う子どもたちと保護者の方たちのためにできることをしながら〝訴え続ける〟ことをしていきたい」「市交渉に参加してみて、すべては一気に変えられないかもしれないが、〝声をあげることが大事〟と改めて感じた」「きっと新しく参加されるお母さんたちも自分たちが感じたようにわからなさがあると思うけど、少しでもわかりやすく、とっつきやすい会にしていきたい。みんなで楽しく交流しながら、学び合いながら子どもたちのことを考えていきたい」といった声もありました。

自分自身も実現させる会を通して保護者の方たちと学び合い、いろいろな思いにふれる中で、今通ってきている子どもたちやご家族にとって、そしてこれから療育を必要とする子どもたちやご家族にとっ

ても必要なことが保障され、子どもたちや療育の場への理解が広がっていってほしいと感じます。地域療育センターとしての課題はまだまだありますが、少しずつ実現させる会が声に出し、訴え続けてきたことが検討され、改善に向かっていることも多くあります。すぐに制度を変えることはできなくても、継続的に声をあげ、働きかけていくことを大切に、これからもそれぞれの現状や矛盾を声に出し、力を合わせてよりよい療育を目指していきたいと思います。

中川綾美（名古屋市 発達センターあつた）

第5章

国の制度の現状と課題

国の制度について、全通連としての意見

Section 1

母子保健・子育て支援・療育・インクルーシブ保育のつなぎを見直す

1 母子保健と児童福祉施策をつなぐ「児童福祉法」改正

現在、親子の支援に関して様々な「計画」が進行していますが、その1つに「健やか親子21（第2次）」があります。この計画は2015年から2024年までの期間を設定していますが、重点課題が2点あり、虐待の予防と「育てにくい子」への支援です。0歳児、中でも障害児や「育てにくい子」が虐待に遭いやすいとして、妊娠期からの支援の充実、乳幼児健診での全数把握や親子支援に関する啓発を目標として掲げて取り組んでいます。乳幼児健診の受診率はコロナ禍では低下したものの、コロナ前は大きく向上し、2017年度には平均で95%を超えていました。しかし、把握した後の支援が必ずしも十分ではないとして、児童福祉施策との連携の強化が叫ばれるようになりました。2022年には社会保障制度審議会児童部会社会的養育専門委員会において3歳までの「未就園児の支援の強化」が言われ、その問題意識はこども家庭庁設立準備室所管の「未就園児等の把握、支援のためのアウトリーチの在り方に関する調査研究検討委員会」に引き継がれ、空き定員のある保育所での一時保育の拡充や、発達に不安のある子については児童発達支援センターとの連携等が提起されました。

2023年度より「こども家庭庁」が発足しましたが、それにあわせて改正された2024年施行の「児童福祉法」では、要支援家庭に対して妊娠期から包括的に支援することの必要性を踏まえ、自治体に「こども家庭センター」を設置することが規定されています。具体的な条文は次の通りです。

10条1の4　児童及び妊産婦の福祉に関し、心身の状況等に照らし包括的な支援を必要とすると認められる要支援児童等その他の者に対して、これらの者に対する支援の種類及び内容その他内閣府令で定める事項を記載した計画の作成その他の包括的かつ計画的な支援を行うこと。

10条の2　市町村は、こども家庭センターの設置に努めなければならない。

そして同時に「児童福祉法」改正内容に呼応する形で「母子保健法」も改正され、9条の2が新設されました。

9条2　市町村は、母性又は乳児若しくは幼児の心身の健康の保持及び増進のため、母子保健に関する相談に応じなければならない。

9条2の2　市町村は、母性並びに乳児及び幼児の心身の状態に応じ、健康の保持及び増進に関する支援を必要とする者について、母性並びに乳児及び幼児に対する支援に関する計画の作成その他の内閣府令で定める支援を行うものとする。

そして従来の3章「母子健康包括支援センター」を「こども家庭センターの母子保健事業」に変更しました。母子保健も児童福祉施策も「こども家庭センター」が推進することになるのです。それでは「こども家庭センター」は具体的に何に取り組むことになるのでしょうか。

改正児童福祉法の10条の2に取り組みが規定されていますが、重要なのは、10条の2の②の二で福祉関係機関との連絡調整を行うことを規定した上で、三で機関間の連絡調整、支援者の確保、必要な支援体制の整備がうたわれていることです。

10条の2の②の三　児童及び妊産婦の福祉ならびに児童の健全育成に資する支援を行う者の確保、当該支援を行う者が相互の有機的な連携の下で支援を円滑に行うための体制の整備その他の児童及び妊産婦の福祉並びに児童の健全育成に係る支援を促進すること。

そしてこども家庭センターの連携先としての地域の子育て相談機関として、保育所、認定こども園、子育て支援拠点事業の整備が求められ（児童福祉法10条2の③、10条3）、48条の4の②に保育所が相談・助言に努めることが規定されました。また障害児支援に関しては、43条で「児童発達支援センター」が地域の障害児支援の中核機関として規定されました。

つまり自治体に暮らす3歳未満児とその家族の幸せの保障に向けて、こども家庭センターを中核に母子保健と児童福祉施設・事業が連携して新たな事業を含めて展開することが求められたということです。

だからこそ、いま、3歳までの親子にとって大切な取り組みを自治体の関係者で集い話し合い、具体化していくチャンスなのだと思います。もちろんそのためには、保健師や保育所・子育て支援拠点・児童発達支援センターの職員の増員が必須なことは言うまでもありません。でもできるところからまずは挑戦していきましょう。

2　0歳児期からの親子支援はなぜ必要なの？

❶ 0歳児からの支援が必要とされる社会的背景

国や全通連が「0歳児からの親子支援」を重視する背景には、現代の子育て事情や子どもの発達の実態があります。

一般子育て支援施策においても「乳児家庭全戸訪問事業」に代表されるように、0歳児の子育てに困難が伴うことを前提に施策が講じられています。特に最近は「産褥期精神障害」に対する認知が進んだこともあり、妊娠中からの支援に力が入れられるようになっています。現在では子どもが生まれるまで乳児と接したことがない親が多く、しかも実家が遠い場合などは、夜間じっくりと休むことができにくいことがストレスを拡大します。泣いたら抱っこしてあやすということも、うまく泣き止んでくれればよいのですが、そうではないとつらくなってしまいます。ぐっすり寝たいというのが、多くの親の共通した思いではないでしょうか。だから少しの時間でも子どもをみてくれて心身を休められることが求められるのです。求められているのは、子育て相談以上に、休めずつらい思いをしている仲間と出会うことであり、子どもと少し離れられたり子どもが喜ぶ姿を見られたりすることではないでしょうか。

乳児期に「親子教室」を継続的に開催するのは、仲間と出会い、子どもが喜ぶ姿と出会うためですし、1人で頑張らなくてもよいこと、わからないことがあればプロに相談すればよいことを実感してもらうためです。特に「抱きにくい」「乳の飲みが悪い」「寝てくれない」といった「育てにくい子」に対して、保健師や助産師、保育士はもちろん、理学療法士や言語聴覚士、心理職等が多面的に子どもを把握し、親子が楽しめる活動を提供することが求められているのではないでしょうか。こども家庭センターのもとで、母子保健・子育て支援と児童発達支援センターがタッグを組んで、0歳児期から「育てにくい子」のための「親子教室」を運営し、親子のステキな可能性を広げていきたいものです。

障害児支援の立場からしても、出生前診断が広がっている現状を踏まえて、医療機関と連携して、出生後の支援につなげることも含め妊娠中からの支援に参加することが求められます。また医療的ケア児や脳性麻痺児・難聴児など、出生後にわかる障害に関しても、親子に先輩や仲間を保障するためにも、子どもに楽しいあそび体験を保障するためにも、0歳児期から児童発達支援センターの訪問療育や通園療育を活用できる条件を整えることも求められてきます。本来児童発達支援センターは、障害の診断がついている子どもにはすぐに支援を開始すべき施設のはずなのですから。

18か月児健診後に落ち着きのなさ、コミュニケーションの問題、夜泣きや偏食等の「育てにくさ」などから、「親子教室」「発達相談」などの特別な支援を必要とする子どもの割合が増え続けています。厚生労働省は２００９年に「10％の子どもに何らかの発達支援が必要だ」と示しました[注1]が、２０１９年に報告された名古屋市の調査報告書[注2]では、5歳児のうち発達支援を必要とする子どもは12・6％に上り、健診で指摘された、保護者が発達に不安を抱えているという子どもは27・9％に上るという推計値が示されています。発達支援を必要とする子どもの多くは、0歳児時代から「育てにくさ」を抱えていることも多いのです。「何をしても泣き止まず抱き続けていた」「母親以外の人にひどく人見知りをするため実家にも行けず苦労した」「離乳食を受け付けず夜中の授乳が続いて大変だった」「腹ばいを嫌いハイハイの開始が遅れて心配していたら急に歩き始めて多動になった」などのエピソードを語る母親もいます。腹ばいを嫌い運動発達が遅れているために病院から「児童発達支援センター」に紹介された0歳児が、1歳代には自閉症と診断されるなど、0歳代の「育てにくさ」や発達の遅れは、親の大変さという点からだけでなく、子どもの発達という点からも見過ごすことができません。0歳児で発達障害と診断される子どもは少ないでしょうが、0歳児時代から親子に支援が必要なことは言うまでもありません。「育てにくさ」が見え始める0歳児からの親子支援が、虐待予防というだけでなく、親子の幸せな日々の保障のために欠かせなくなってきているのです。

❷ 親子にとって0歳という時期がもつ意味

0歳という時期は眠りと目覚めが分化し、目覚めの時間にたっぷりと遊ぶことで、しっかりと食べぐっすりと眠るという「子どもとしての当たり前の暮らし」を築く時期です。目覚めている時をどのように過ごすかによって生活リズムも異なってきます。目覚めの時間に「子どもをあやす」ことや「子どもが1人で楽しめる環境を用意する」ことが親には求められます。「子どもをあやす」ということは親子の間に共感関係を築き、かけがえのない愛着関係を育てることを意味しています。共感が成立するということは、親子がお互いに「同じような気持ちでいる」ということです。よく笑う赤ちゃんであれば、親も笑いかけることが多くなります。抱けば泣き止み、軽く揺すれば微笑む赤ちゃんであれば、親も「かわいい」という思いをもち続けやすくなります。逆に泣いてばかりいる、抱き上げると背をそらして嫌がるように見える赤ちゃんであれば、親が笑いかけることも抱くことも減っていくことでしょう。

「育てにくい」赤ちゃんと親が向き合うためには、赤ちゃんの体が心地よくなり、リラックスして笑顔が出るという取り組みをつくり出す必要が出てきます。感覚に偏りがある子や、身体の緊張がきつい場合には、体が「心地よさ」を知らないために、親との共感が成立しにくくなってしまいます。だから、子どもに合った取り組みを親とともにつくり上げる専門家の支援が必要になるのです。親と共感が成立すると子どもは親のことが大好きになり、親が向き合えば、親の顔を見るために、しんどい腹ばいの姿勢にもチャレンジしますし、お座りの姿勢もしっかりしてきます。親に近づくためにはって移動しようと頑張ります。

1歳を過ぎ歩き始め、多動・こだわり等「行動上の問題」が拡大する前に、親子の間に笑顔の循環を築くことが、親子の人生にとって大きな意味をもっているのです。

❸公的支援を届けやすい0歳児期

脳性麻痺児やダウン症児のように0歳で診断のつく障害児はもとより、「育てにくい」赤ちゃんの場合も、親が「助けて！」と周りに支援を求めたくなるのが0歳児期です。初めての子育てで誰もが不安を抱えています。夫や実家に支援を求めますが、多くの場合「母親なのだから頑張るのが当たり前」ということになりがちなのが、日本の現状ではないでしょうか。「乳児家庭全戸訪問事業」や乳児健診が「発育の遅れ」をチェックする場としてではなく、母親が他人に安心して「助けて」と言える場として、また地域担当保健師や「子育て広場」「子育て支援センター」などに橋渡しする機会として機能することで、専門家の支援につなぎやすくなります。身近な地域に0歳児の親が利用しやすい子育て支援の場があり、その場にこども家庭センターの保健師や児童発達支援センターの職員が出向き、「育てにくさ」が明らかな親子に支援の手を届けたいものです。

0歳児期は「助けて！」と支援を求める時期なのですが、若い親は支援をウェブサイトやSNSに求めるため、子どもに即した情報が得られない場合は追い詰められていく危険性と隣り合わせに生きています。安心して出かけることのできる身近な支援の場を広げつつ、特別な支援を必要とする親子に密度濃いていねいな支援を届けられるように、今一度自治体の仕組みを見直してみてください。

3 児童発達支援センターの敷居を下げるために

国は「障害児通所支援に関する検討会」報告書において、母子保健や子育て支援の取り組みにおいても、また保育所などの一般施策においても「気づきの支援」を位置づけ、児童発達支援センターの地域支援機能の1つに位置づけています。母子保健における「気づきの支援」は「親子教室」等の楽しい取り組みを通してすすめられますが、児童発達支援センターへの通園につながる上ではハードルがあることも事実です。

ハードルの1つは医師の診断への抵抗感です。医師の診断を受けるということは、親にとっては「わが子に悪いところがある」と判断することです。まだ幼いわが子に「悪いところがある」とは思いたくなくて当然です。信頼している保健師から「通うと楽しく過ごせるよ」と誘われ見学もして、子どものために通園することを選択しうるように、全通連は厚労省との懇談を通して、通園に必要な「受給者証」

の発行の条件を「保健師の意見書」にしてもらいました。しかし都市部では専門医がいるが故に、医師の診断が通園の条件になってしまっている場合があります。「医学モデル」になりがちだということです。医師の診断は児童発達支援センターの職員と保護者の信頼関係のもとで、親が自らの意思で選択しうるようになればよいのではないでしょうか。都市部では、国の「アセスメント前事業」や「地域療育等支援事業」を活用して「契約前療育」を保障していますが、それだけでなく受給者証の発行条件そのものを国の基準通りに変更してほしいと思います。幼い時期の親子にとって大切なことは、障害の診断ではなく、親子が楽しく過ごすことのできる支援を保障することだからです。

もう1つのハードルは保育園等での「気になる子」に関わる問題です。就労家庭の増加に伴い、都市部では育児休業明けで保育園に通う子どもが増加してきています。乳幼児健診で保健師が「支援が必要では」と判断しても、親としては「保育園に通っているから大丈夫」と考えがちです。ダウン症など障害が明瞭な場合はともかく、落ち着きがない、保育室から出ていく、噛みつきがひどい、あそびやことばが広がらない、偏食がきつい等の場合に「大丈夫だろうか」と職員は心配になります。「3対1」の職員配置の0歳児クラスはまだしも、1歳児になれば「6対1」の配置基準となり、安全確保すら難しくなります。そうすると職員は「障害ではないか」という思いをもつようになります。「親に認めさせたい」「医師の診断を受けてほしい」という思いも出てくることでしょう。しかし保護者にそのことを勧める上でのハードルが高いのも事実です。そうした場合に国の「発達支援専門員整備事業」が活用できるのですが、保健師とも相談して、児童発達支援センターから保育園に訪問してもらうだけでも、職員の気持ちは安定しやすくなります。相談できる、ともに考えてくれる機関があるということは、安心につながるからです。

多くの自治体が保育所等の職員の加配にあたって「医師の診断」を条件にしていることも見直してほしいものです。国連が指摘するように日本の現状は「医学モデル」中心なのです。集団生活において支援が必要だと保育園と児童発達支援センターが判断すれば加配がつくということになれば、保護者との信頼関係をじっくりと築きながら、就学後の支援に向けて医師の診断につなぐこともできてくると思います。

4 インクルーシブ保育につないで

親子が幸せな毎日を送ることを基本に据えて、0歳児からの支援の仕組みを考えてきました。就労家庭の増加を踏まえれば、育児休業中の子育て支援が重要なことは言うまでもありません。0歳児期に保健師とつながり、子育ての心配事は保育士をはじめ各種専門職に相談し、わが子が喜ぶあそびを「教室」で体験・体得し、毎日が楽しくなるような仕組みを自治体に築きましょう。より支援が必要な親子に密度濃い「教室」を保障し、障害が明瞭な子どもは0歳児で「児童発達支援センター」に通い、育児休業が明けたら、子どもの状況も踏まえて、保育園や児童発達支援センターに通園するようになれば、保育園も親子に継続的な専門的支援が保障されている中での保育となり、安心が広がると思います。

そしてインクルーシブ保育をすすめる上で欠かせないことは、保育園や幼稚園の保育条件の改善です。わが家のリビングよりも狭い保育室に、たくさんの子がいることで神経が昂る子もいます。音やにおいに敏感なために保育室から「落ち着ける場所」に移動したくても、そうした「居場所」がない、職員の目が届かないため禁じられるなどのことが、子どもの「問題」を拡大します。ゆとりのある空間と、ゆとりのある職員配置があって初めて、多様な子どもたちの「その子らしさ」を尊重しうるのではないでしょうか。インクルーシブな「排除しない」保育は、すべての子どもの持ち味を活かし輝かせる保育を意味します。場が同じであればよいということではなく、一人一人が大切にされる「最善の利益」を尊重される保育でなければならないはずです。日本の保育条件の貧しさは先進国の中では異常なものとなっています。「気になる子」が増えているというよりは、子どもたちの状況に合わない旧来の保育条件が、「制度疲労」を起こしているということだと思います。

子どもも保護者も保育者も安心して暮らせる自治体の仕組みづくりに向けて、関係者でタッグを組んでいきましょう。

乳児期からの取り組みを活かし、子どもが生き生きと生活しうるように、子どもの持ち味を活かす活動とともに、苦手なことやしんどさへのていねいな支援のあり方を引き継いでいきましょう。もちろん生活の場が変化することで子どもの行動も変化します。そうした姿をそれまで担当してきた職員と、これから担当する保育者がともに見守り取り組みを考え合う「見学実習」や「お試し通園」等の取り組みも考えてみましょう。

医療的ケア児や重症心身障害児の場合、保育園での受け入れが困難な場合もあるでしょうが、その場合も保護者の就労を保障できる条件を児童発達支援センターに整備するとともに、近隣の保育園と定期的に交流するなど、「地域で育てたい」という保護者の思いを尊重する取り組みも工夫したいものです。

乳児期に支援を受けていなかった子どもについては、まずは園内でケース検討を行うとともに、児童発達支援センターの地域支援機能を活用し、担任だけで悩まなくてもよい体制を築いてください。
　そして「障害者自立支援協議会子ども部会」の「乳幼児部会」を定期開催し、ケース検討の力量向上を目指すとともに、相互見学や保育交流を実施し、地域に根差したインクルーシブ保育の構築を目指したいものです。子育てが楽しいと感じられる自治体にする上での改善課題を提起するために、自立支援協議会メンバーを基本に、保護者組織と共同しうる「常設組織」を「こども家庭センター」のもとに設置すべきではないでしょうか。こうした組織は、医師、学識経験者が中心で組織されがちですが、何よりも当事者性の高い者の意見が重視されるべきではないかと思います。「医学モデル」ではなく「人権モデル」実現のため、未来を切り拓く高い志を掲げて取り組みをすすめましょう。

注
1　厚生労働省、2009、乳幼児健康診査に係る発達障害のスクリーニングと早期支援に関する研究成果、47～48頁
2　愛知県立大学生涯発達研究所監修、2019、名古屋市子ども発達支援体制のあり方に係る調査報告書、18頁

近藤直子（全国発達支援通園事業連絡協議会（全通連）会長）

Section 2

障害児支援制度の抱える問題と全通連の取り組み

前回『療育って何?』の初版発行が２０１８年。「障害児支援の在り方に関する検討会（２０１４年1月31日～２０１５年7月16日）」を踏まえた報酬改定の直後でした。

その後「障害児通所支援の在り方に関する検討会（２０２１年6月14日～２０２１年10月20日）」「障害児通所支援に関する検討会（２０２２年8月4日～２０２３年3月28日）」と続けて厚労省が内容検討の会議を実施し、２０２３年4月1日こども家庭庁の設立のタイミングを迎えました。

新庁の設置により障害児支援の所管は、厚生労働省社会・援護局障害保健福祉部障害福祉課障害児・発達障害者支援室から、こども家庭庁支援局障害児支援課へと組織替えとなり、障害者施策の一部という扱いから、子ども一般施策と同じフロアになりました。「障害児は小さな障害者ではない」という全通連の主張が1つ実現した形となりました。政策立案に力を出す専門官も増員され、その働きに大きな期待が寄せられますが、今後の動きを見守る必要があります。

本章は、この数年の動きの中で視点があたった問題や、制度のすすんだところ、引き続く課題に焦点を当て、児童発達支援事業を中心に障害児支援制度の課題を整理していきます。

1 障害児通所支援の在り方に関する検討会
（2021年6月14日〜2021年10月20日）

❶会議の趣旨

開催要項の「趣旨」には「（前略）…昨今の状況の変化（発達障害の認知の広がりや女性の就労率の上昇等）などから、この10年間で障害児通所支援の利用者数が増加している。こうした中、適切な運営や支援の質の確保が喫緊の課題となっている。一方で、障害のある児童のインクルージョン（社会的包摂）が十分に進展してきたとは必ずしも言えない状況にある。これらの現状も踏まえ、改めて、障害児通所支援が担うべき役割や機能、対象者など、今後の障害児通所支援の在り方について検討するため、『障害児通所支援の在り方に関する検討会』を開催する。」とあります。

❷検討会の構成員

本検討会の構成員は厚生労働省の当該ホームペー

表1　障害児通所支援の在り方に関する検討会構成員名簿

	構成員名	所属等
1	秋山 千枝子	あきやま子どもクリニック院長・小児科医
2	有村 大士	日本社会事業大学准教授
3	市川 宏伸	一般社団法人日本発達障害ネットワーク会長
4	小川 陽	特定非営利活動法人日本相談支援専門員協会理事・政策委員長
5	小川 正洋	柏市保健福祉部次長・障害福祉課課長
6	柏女 霊峰	淑徳大学教授
7	加藤 正仁	一般社団法人全国児童発達支援協議会会長
8	菊池 紀彦	三重大学教授
9	北川 聡子	公益財団法人日本知的障害者福祉協会副会長
10	末光 茂	一般社団法人全国重症心身障害日中活動支援協議会会長
11	高橋 朋生	神奈川県福祉子どもみらい局福祉部障害サービス課課長
12	田中 聡一郎	駒澤大学准教授
13	又村 あおい	一般社団法人全国手をつなぐ育成会連合会常務理事・事務局長
14	山川 雅洋	大阪市福祉局障がい者施策部障がい支援課課長

（五十音順、敬称略　厚労省HPより）

ジによると表1のようです。

業界団体、研究者、行政が大半を占めています。

乳幼児期を支える「児童発達支援」に関しては母子保健、子育て支援という視点に弱点があるように感じますし、学齢期を支える「放課後等デイサービス」に関しては教育の視点が弱いように見受けられます。

また、本会議では、8回実施された会議の2回目、3回目で団体ヒアリングも行われています（表2）。

参加団体は、当事者・保護者の団体に限られているようです。委員と同様に、母子保健・子育て支援、教育の立場からの意見は含まれていません。

❸報告書の内容

8回の議論の末10月20日に発表された「報告書」は、「はじめに」の中で次のように述べています。

「障害児通所支援については、平成24年度（2012）に、障害種別にかかわらず、身近な地域で支援を受けられることを目指し、従来の障害種別ごとの体系が再編・一元化され、児童発達支援や放課後等デイサービスを中心とする制度体系の骨格が形づくられた。その後、約10年が経過し、児童発達支援は8298箇所（令和3（2021）年5月。平成24年比で4・5倍）へ、放課後等デイサービスは16718箇所（令和3年5月。平成24年比で6・5倍）

表2 ヒアリング団体

第2回	一般社団法人全日本自閉症協会
	一般社団法人全国医療的ケア児者支援協議会
	一般社団法人全国重症児者デイサービス・ネットワーク
第3回	社会福祉法人全国重症心身障害児（者）を守る会
	認定 NPO 法人難病のこども支援全国ネットワーク
	一般社団法人全国肢体不自由児者父母の会連合会
	障害のある子どもの放課後保障全国連絡会

（厚労省HPより引用　筆者作成）

へと、飛躍的に事業所数が増加した。この約10年の間に、身近な地域で障害児支援を受けることができる環境は大きく改善したと考えられる。（例えば、中学校区（※）程度の日常生活圏域に、児童発達支援・放課後等デイサービスが1箇所程度ある地域が平均的になってきている。（※日本の公立中学校数9291、公立小学校数19217〈令和3年版文部科学統計要覧〉）」と前提となる条件を述べており、「改めて、障害児通所支援が担うべき役割や機能、対象者など、今後の障害児通所支援の在り方について検討するため、本検討会を開催し、制度改正や障害福祉サービス等報酬改定を視野に、制度的に対応すべき点を検討してきた。」としています。

その内容について、裏付けとなる資料編の中から見てみますと、少子化が声高に叫ばれている中で、障害児通所支援の利用者は右肩上がりに増えています。事業所数の増加と利用児童数の増加に

障害児サービスに係る利用児童数等の推移（サービス種類別）

○障害児サービスの利用児童数は、毎年、増加しており、それに伴い、費用も増加している。
○利用児童数については、特に障害児相談支援、児童発達支援、放課後等デイサービスの占める割合が大きく、また、増加幅も顕著である。費用についても、特に児童発達支援、放課後等デイサービスの占める割合が大きくなっている。

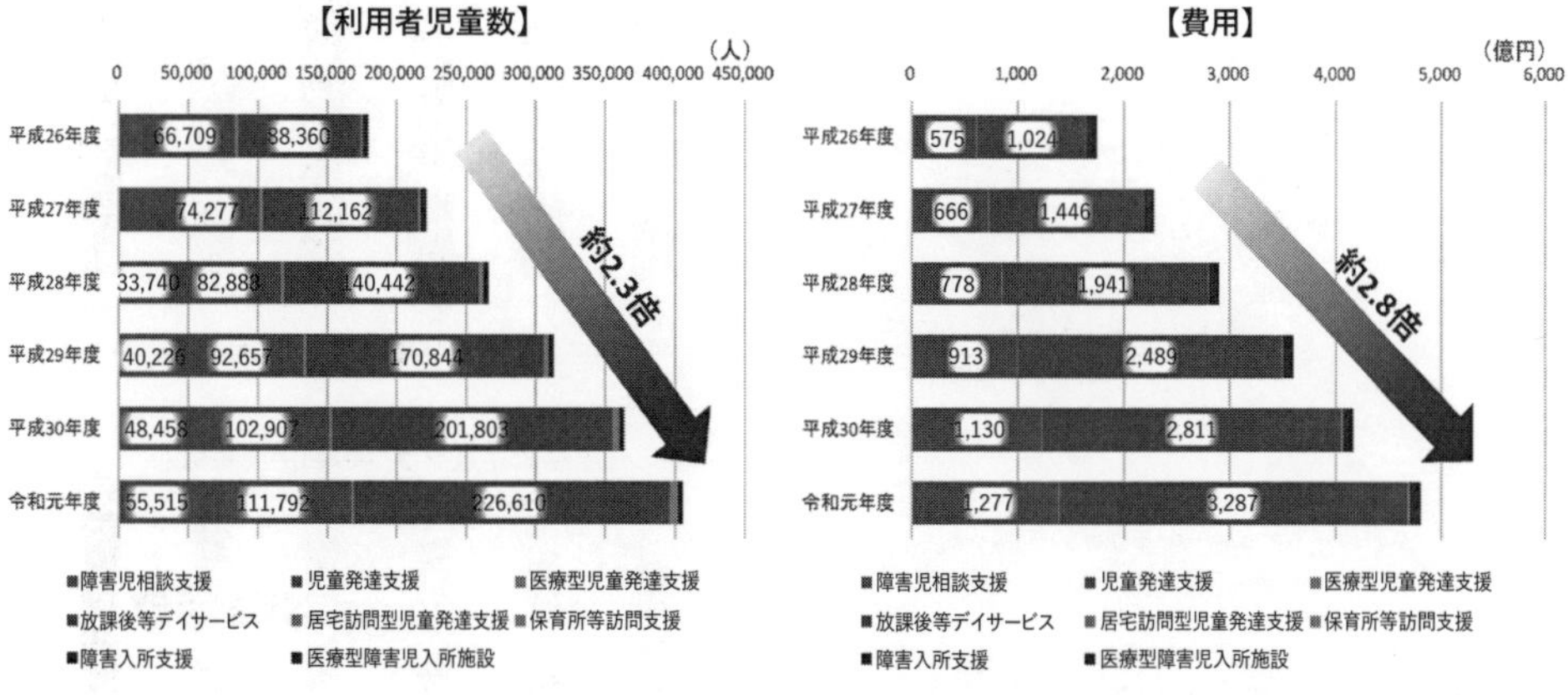

（障害児通所支援の在り方に関する検討会第1回 資料3 障害児通所支援の現状等についてより）

障害児サービスに係る費用の推移（他制度との比較）

○障害児通所サービスの費用は、毎年、10%を上回る増加率で推移しており、他制度よりも大きな増加率となっている。
○特に放課後等デイサービスと児童発達支援の総費用に占める割合は大きく、顕著に増加している。

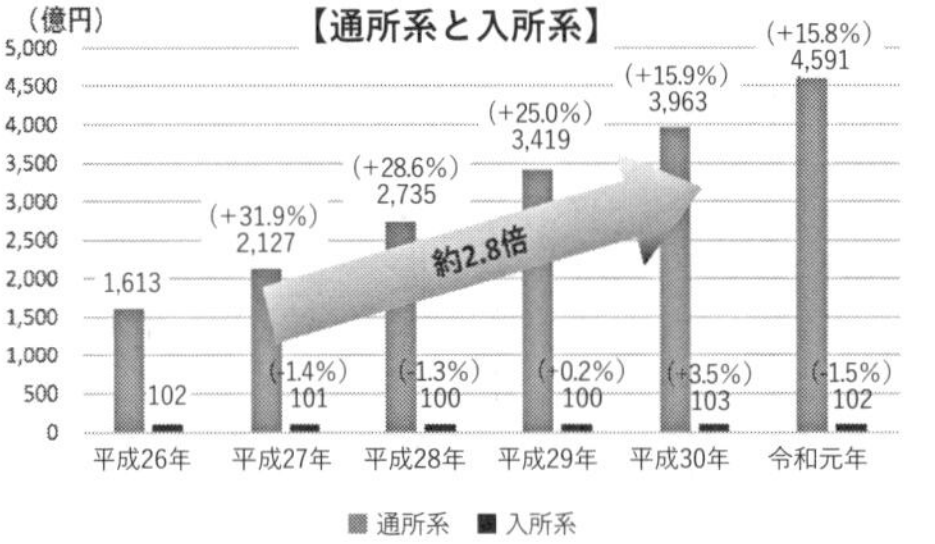

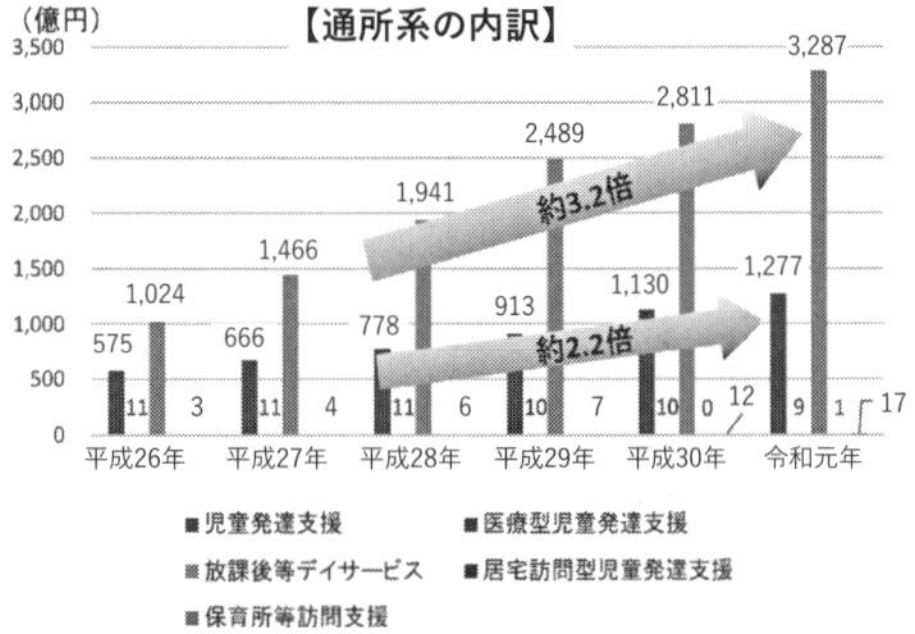

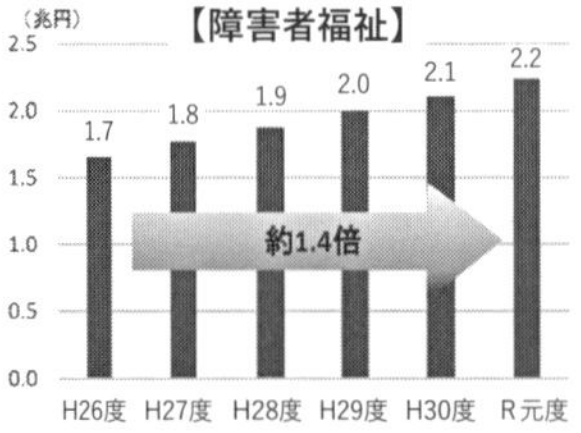

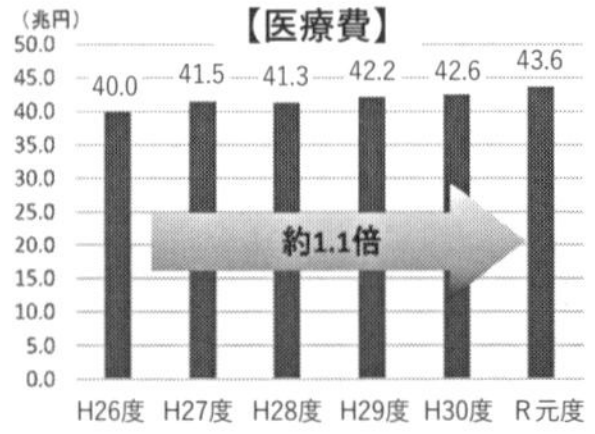

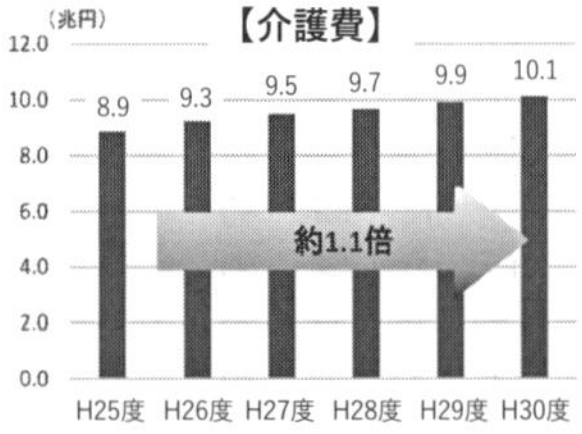

※医療費は､｢概算医療費｣(厚生労働省保険局)より。介護費は､｢介護保険事業状況報告｣(厚生労働省老健局)より。

女性の就業率と保育所・放課後児童クラブの利用児童数

○20～44歳の女性の就業率は、平成20年から令和元年にかけて、約10%程度上昇している。
○また、保育所等や放課後児童クラブにおける利用児童数も増加しており、児童に係るサービスのニーズが増加する中で、障害児サービスのニーズも増加すると考えられる。

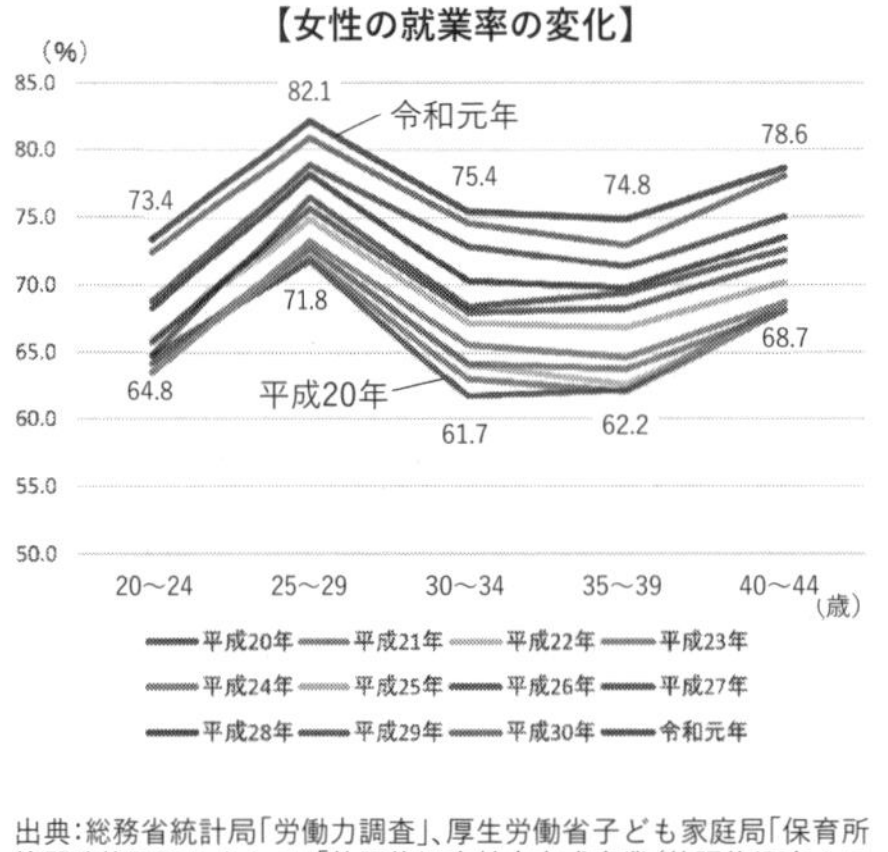

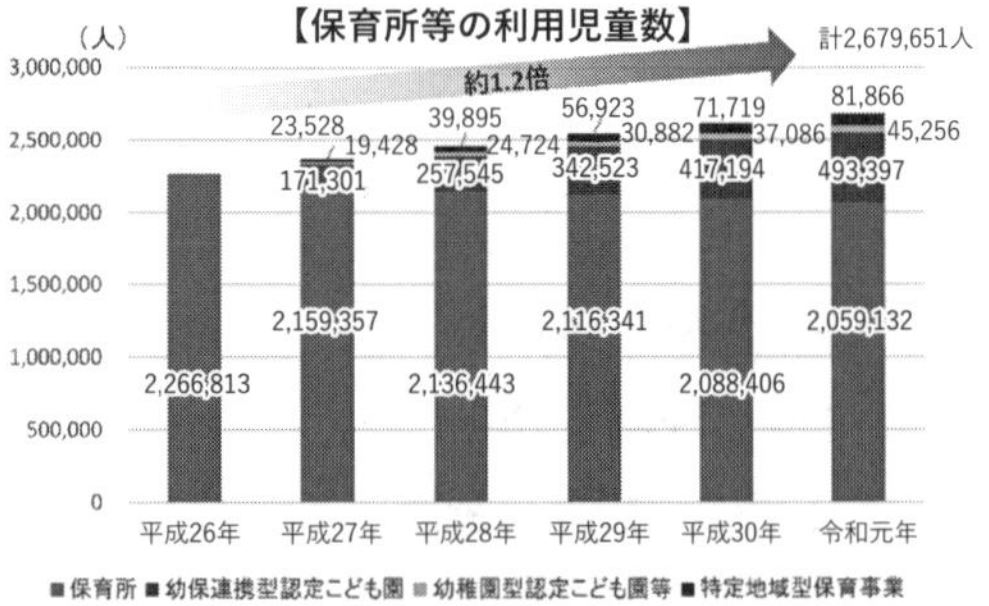

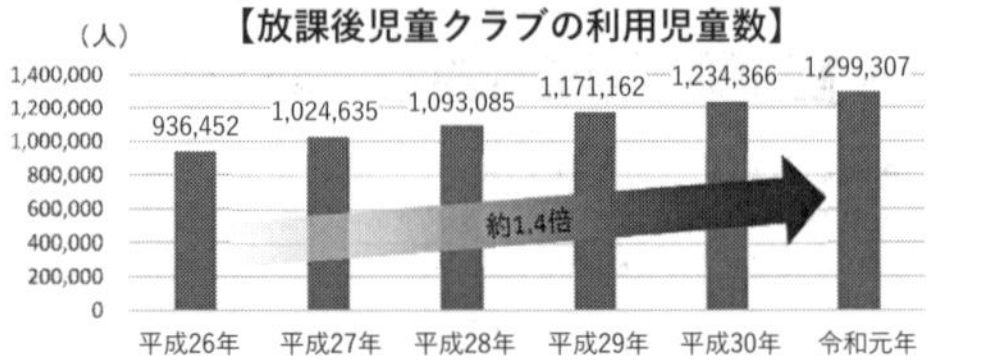

出典：総務省統計局｢労働力調査｣､厚生労働省子ども家庭局｢保育所等関連状況取りまとめ｣｢放課後児童健全育成事業(放課後児童クラブ)の実施状況｣より。

（障害児通所支援の在り方に関する検討会第１回　資料３　障害児通所支援の現状等についてより）

相関関係は予想されるものの、どちらが先なのかは計りかねる状況です。ただ、それらを可能にしてきたのは多様な実施主体の参入を認めてきた政策、指定条件の緩和によるものであることは間違いないでしょう。

その結果として、義務的経費である障害児通支援給付費の伸びで、国の財政支出も同様に増加していることは理解できます。

その背景の1つとして、右の表にあるように女性の就業率の上昇を挙げています。

本来、保護者の就労は支給決定の要件ではなく、あくまでも「発達支援」なのですが、放課後等デイサービス事業のみならず、児童発達支援事業においても「就労支援」のための支給決定が行われている実態があるわけです。

インクルーシブを強調していますので、「就労支援」は保育所・学童保育で行われるべきだとも考えられますが、その関係性や棲み分けがどのように行われているのかは地域差も含めて実態を調査すべきでしょう。

それらの背景を踏まえて、本検討会は次のように提案しました。

①児童発達支援センターの中核機能の在り方について

②「福祉型」と「医療型」の統合について

※児童発達支援センターの在り方について

③児童発達支援・放課後等デイサービスの役割・機能の在り方に関する検討の方向性
※児童発達支援・放課後等デイサービスの役割・機能の在り方について

などの論点が整理されました。

①②についてはこれまでも議論されてきた課題ですが、③については、右肩上がりに増え続ける義務的経費を前に、何らかのコントロールを試みようとしていることが予測されます。

2 「障害児通所支援に関する検討会（2022年8月4日～2023年3月28日）」

❶本会議の趣旨

2年連続で行われ「すべてのこどもがともに育つ地域づくりに向けて」と副題がついた検討会は、前年度の「在り方」検討会とどのような関係に位置づけられていたのでしょうか。

その「趣旨」をみると「（在り方検討会の）報告書を踏まえた社会保障審議会障害者部会の「障害者総合支援法改正法施行後3年の見直しについて中間整理」（令和3年12月16日）を受け、今般児童福祉法改正を行ったが、同改正法の施行及びその他必要な事項について具体的に検討を行うために「障害児通所支援に関する検討会」を開催する。」とされています。前年度の検討会で整理された課題をさらに具体化することが目的のようです。

❷検討会の構成員

14名から16名に増員されていますが、前回と同じような構成で、5名が重複しています（表3）。団体ヒアリングは前回7団体から10団体になっていますが、7団体はすべて重複しています（表4）。ちなみに、今回は全通連もヒアリングに呼んでいただきました。その際の資料の一部を掲載します。

表3　障害児通所支援の在り方に関する検討会構成員名簿

	構成員名	所属等
○1	有村 大士	日本社会事業大学社会福祉学部 准教授
2	稲田 尚子	帝京大学文学部 准教授
3	井上 雅彦	鳥取大学大学院医学系研究科 教授
4	内山 登紀夫	一般社団法人日本発達障害ネットワーク 副理事長
5	小川 陽	特定非営利活動法人日本相談支援専門員協会 理事・政策委員長
6	小野 善郎	和歌山県精神保健福祉センター 所長
7	加藤 正仁	一般社団法人全国児童発達支援協議会 会長
8	北川 聡子	公益財団法人日本知的障害者福祉協会 副会長
9	木村 真人	一般社団法人全国重症心身障害日中活動支援協議会 事務局長
10	小船 伊純	白岡市健康福祉部保育課 課長
◎11	田村 和宏	立命館大学産業社会学部 教授
12	中川 亮	一般社団法人全国介護事業者連盟 理事・障害福祉事業部会部会長
13	福原 範彦	大阪市福祉局障がい者施策部障がい支援課 課長
14	又村 あおい	一般社団法人全国手をつなぐ育成会連合会 常務理事・事務局長
15	松井 剛太	香川大学教育学部 准教授
16	米山 明	社会福祉法人全国心身障害児福祉財団 理事

（五十音順、敬称略、◎は座長、○は座長代理　厚労省HP参照）

表4　ヒアリング団体

第2回 令和4年 8月30日㈫	障害のある子どもの放課後保障全国連絡会
	一般社団法人全国医療的ケア児者支援協議会
	一般社団法人全国重症児者デイサービス・ネットワーク
	社会福祉法人全国重症心身障害児（者）を守る会
	全国発達支援通園事業連絡協議会
	認定 NPO 法人難病のこども支援全国ネットワーク
	一般社団法人日本自閉症協会
第3回 令和4年 9月29日㈭	障がい児及び医療的ケア児を育てる親の会
	一般社団法人全国肢体不自由児者父母の会連合会
	公益社団法人日本ダウン症協会

（厚労省HPより引用　筆者作成）

Ⅰ「児童福祉法等の一部を改正する法律」（令和4年法律第66号）施行後の、児童発達支援センターの方向性について

○発達支援に関して中核的機能を果たすために、今般改正された「児童福祉法」に規定された自治体の「こども家庭センター」との連携の必要性を明確にすること。

○虐待に遭いやすい0歳児、特に明確な障害がある児・医ケア児が、希望すれば0歳児期から児童発達支援センターに通所できるよう、児童発達支援センターの整備を進めること。また入院病院から「こども家庭センター」への申し送りが速やかに行われるよう関係機関の連携を強化すること。

○母子保健が重視している「育てにくい子どもへの支援」強化のために、「育てにくい乳児」が利用できる「親子教室」を「こども家庭センター」が運営するとともに、児童発達支援センターが「親子教室」の運営に協力することで、より密度濃い発達支援に繋ぐ仕組みを築くこと。医師の診断なしで利用できる無償の「親子療育教室」を制度化すること。

○以上の仕組みを築くことで、「育児休業」中の親子の支援が可能になるとともに、保育所就園後の支援もスムーズになると考えている。

○こども家庭センターと児童発達支援センターが共同で進める「障害者自立支援協議会乳幼児部会」に児童発達支援事業所の参加を義務付けることで、自治体の仕組みが有効に機能するようにすべき。

Ⅱ　児童発達支援事業・放課後等デイサービスの「総合支援型（仮称）」と「特定プログラム特化型（仮称）」の方向性等について

○「心身障害児通園事業」をルーツとする全通連の立場から、乳幼児期は生活、あそび、集団を通して子どもたちを丸ごととらえ、全体的にかかわることが重要と考えます。毎日通う、同じ友達、同じ先生、しっかりあそんで、しっかり食べて。すると、それは「総合支援型（仮称）」ということになるのでしょうか。

○2006年のⅠ型、Ⅱ型の際にも「個別か、集団か」、「個別の方が専門性が高い」といった議論があった。子どもにとってのコミュニケーション、社会性、刺激のコントロールといった課題は、単にセラピストと個別にかかわることだけで解決するものではない。参加したりしなかったり、遠めに見ていたり、誰もいなくなってから再現したりも含めて、集団の中でこそ育つし、そこを支える支援者の専門性も発揮される。

○親子通園も含めて、家族丸ごと支えていくことが重要。気づき、障害受容への寄り添い。子どものかわいいところ探しの道のり。子どものことを語りふさわしい集団を選べるように支える。

Ⅲ　子ども・子育て一般施策への移行等について

○ひとりひとりの子どもにとって、ふさわしい集団（子どもの人数、職員の配置）が保障されることは望ましいことである。小さな集団、ゆったりした日課の中で、生活、あそび、コミュニケーションなどの力を蓄えて、少し大きな集団に挑戦する条件が、どの地域にも整うべき。

○並行通園に関しては自治体によって取り扱いが違う。実際に並行通園を行う場合、幼児教育無償化とはいえ年齢によっては二重の利用者負担が生じること、税金も二重に支給することにもなるため、条件整備が必要。

○だからと言って、乳幼児が通う児童発達支援の出来高払い制にそもそも反対している立場から、保育園・幼稚園を出来高払いにするのは論外である。

○乳児期から保育所に入所する子どもが増加している実態を踏まえ、Ⅰに書いたような0歳児期からの発達支援の仕組みが必要。

Ⅳ　障害児通所支援の調査指標について

○中間整理にあるように、5領域11項目の調査は乳幼児では意味をなさない。子どもの「できない」を保護者から聞き取るのは、特に「気になる」段階では必要のない場面である。

○乳幼児であるだけで、発達支援・家族支援の度合は高い。0－18歳まで5対1の職員配置であることの矛盾を踏まえて、0－2歳は2対1、幼児は3対1の配置が可能になる加算を創設すべきではないか。

Ⅴ　障害児通所支援の質の向上について

○自己評価、保護者評価は、事業所の支援内容を客観化するうえで意味があるし、第3者評価も同様に必要性があるだろう。

○しかし、実施のための事務量やホームページへの公開などについて、人的・金銭的な負担がさらにかかるため、そこへの担保は検討いただきたい。

❸報告書の内容

基本的な視点としては、①障害のあるこども本人の最善の利益の保障、②こどもと家族のウェルビーイングの向上、③地域社会への参加・包摂（インクルージョン）の推進が挙げられつつ、前検討会の視点の具体化をすすめています。

a．福祉型、医療型の一元化後の方向性について（報告書3．（4））

２０１２年の改定で目指した「一元化」では、障害児医療の財源を当て込んだ「医療型」が残る形となって、文字通りの「一元化」には届かなかったことを受けています。

基本的な考え方として、「身近な地域の相談窓口」として障害種別に関わりなく門戸を開くこと。その後すべてを抱えるのではなく、地域の中で強みをもった事業所と連携して支援をすすめていくこと。保育士・児童指導員４対１の職員配置基準や報酬、利用者負担額の統一で質の均等化を図ることをめざし、ようやくたどり着いたと言えるでしょう。

b．児童発達支援センターの中核機能について（報告書3．（2））

児童発達支援センターの地域における中核的な機能についても２０１２年の児童福祉法改定の際にも相談支援、保育所等訪問を「義務化」するかどうかの議論と合わせて話題に上っていたことです。

①幅広い高度な専門性に基づく発達支援・家族支援機能
②地域の障害児通所支援事業所に対するスーパーバイズ・コンサルテーション機能（児童発達支援センターが障害児通所支援事業所に対し、支援内容等への助言・援助等を行う機能）
③地域のインクルージョン推進の中核機能
④地域の発達支援に関する入口としての相談機能、児童発達支援センターを中核とした地域の体制整備について

の４つの柱が示されています。

うたわれている機能について、いずれの地域にもニーズはあることが予想できますし、取り組めたらよいとは思います。実際、措置の時代から、地域の保育園・幼稚園や、小学校、などへの関わりは様々な形で取り組まれていました。

しかし、障害児(者)地域療育等支援事業（1996）や障害児等療育支援事業（2006年10月）等の国の補助金事業を受託している場合は出来高によって補助金が支給されましたが、基本的に既存の職員が現場を抜けて「持ち出し」で行っていた内容です。

現行制度で、指定基準や請求時の配置職員数の厳格化が進む中で、4対1の職員を確保し、さらに加算に対応した職員を確保した上で、児童発達支援管理責任者を含めて現場を離れる職員をもつことは困難です。「中核的な」と期待をされても、その裏付けは厳しいものがあります。

相談支援事業や保育所等訪問支援事業の必須化が再度議論されていますが、独立採算が困難な報酬体系であり、単に加算が創設されても十分に機能することは難しいのではないでしょうか。なお、一定のキャリアを積んだ職員でなければ対応できない事業ですので、厳しい通所支援の現場から、中堅・ベテランを引き上げることの難しさも重なってきます。

内容に見合った財政的な担保を強く求めるものです。

c．事業の役割や機能について

この点は図表（195、196ページ）にあるように増え続ける事業所数と利用者数（放課後等デイサービス・児童発達支援ともに）、そこに伴って増える義務的経費について、何らかのコントロールをしていこうという意図がみえます。地域の障害児福祉計画によって事業所数の総量規制することができるので、上限を設定することも可能ですが、今のところそういった動きは見られません。

一方で、事業そのものが税金を投入すべき支援を実施しているのか。別業種からの参入でも、指定基準をクリアすればすぐに自治体で指定が可能であり、逆に廃業も簡単にできます。児童発達支援ガイドラインが示す4つの支援（発達支援・家族支援・地域支援・移行支援）が網羅されているのか。おなじく本人への5領域（「健康・生活」「運動・感覚」「認知・行動」「言語・コミュニケーション」「人間関係・社会性」）すべてを含めた総合的支援が行われているのかを明らかにしようという試みが行われようとしています。

議論のポイントとして挙がっているのは、通所日数、支援時間、集団か個別か、給食などを含めた生活全般に関わっているのか、体育・音楽・描くなどの特定の分野のみに特化した内容なのかに合わせて、アセスメント・個別支援計画作成・支援内容のすべてにおいて4つの支援・5領域をカバーしているのかという論点が浮上しています。

例えば、集団で、毎日一定時間の支援を行っていても、4つの支援・5領域が網羅されてない場合はどうなるのか。逆に短時間、個別でも家族支援・地域支援が行われている場合はどうか、などです。

3 こども家庭庁

「子どものことは子どもの法律で」「子ども施策の一体的な運用を」というのは私たち全通連の一貫した主張です。ですから新庁創設は願ってもないことです。

障害児支援が母子保健、子育て支援、保育など一般施策と同じフロアになることの意義は大きいと言えますし、「異次元」かどうかはともかく、子ども施策への予算増が政府の中心課題に浮上していることも画期的といえます。

虐待、医ケア、インクルーシブとキーワードは羅列され、それらが具体的に施策に反映されるにはまだほんの端緒についたばかりですが、「子育ての延長線上の発達支援」を名実ともに根付かせるために引き続き取り組んでいきましょう。

しかし、その名称に「家庭」を後から盛り込んだいきさつに、「子育ては家族が担うもの」「その主体は女性である」という政府・自民党の根強く、時代錯誤の主張が反映していることが見て取れますし、さらにその後ろに「家族」を押し出す団体の影が根強く感じられます。実行のための財源についても増税はしないとしながらも実質社会保険料の負担増を画策していることは、注視していく必要があります。

4 そして取り組むべき課題

支援費制度（２００３年）のもと心身障害児通園事業が「児童デイサービス」に変わってから20年が経ちました。障害者自立支援法（２００６年）でいったん障害者施策に位置づけられた（Ⅰ型・Ⅱ型が導入された）のち、再度児童福祉法の改定（２０１２年）で児童福祉法に戻り現在の形に変わってからも10年が経ちました。利用する側は、診断、受給申請、契約、利用負担など、事業者にとっては「出来高払い」という不安定な運営は、20年前はなかったものです。しかし、関係者の間でもすでに当たり前になっているように見えます。それは、高齢者福祉分野で介護保険（２０００年）しか知らない。措置制度で第1種社会福祉事業であった通園施設が、第2種社会福祉事業に格下げ、契約、出来高に変わった（2006年10月）以降、現在の児童発達支援センターの姿しか知らないのと同様です。

20年の間に浮き上がってきた変化は、発達障害者支援法（2004年）以降、発達障害の社会的認知の広がりと超低体重児のサバイバルを可能にした医学の進歩が生み出す「医療的ケア児」の存在でしょう。低賃金、ひとり親、貧困、働き手の不足、外国人労働者などの社会的背景が加わり、就労支援の必要性も高まっています。さらに、「国連勧告」（2022年）に見られる「インクルーシブと差別」に関する新たな指摘があります。

それらを反映して、保育の側では障害児保育（統合保育）の広がりに加えて、「医療的ケア児」の受け入れが始まります。「インクルーシブ保育」のように「何でもあり」な形も模索されています。

規制緩和をすすめ、それぞれの専門性をないがしろにするのではなく、母子保健、子育て支援などの一般施策との接続を密にした上で、本来の役割とあるべき姿を確認し合い、構築していくことを目指しましょう。

保育園・幼稚園と児童発達支援、学童保育と放課後等デイサービスの役割の違いを追求し、私たちの専門性を明らかにするために本著の各項目があります。しっかりと読み込み、共有し、力にしていきましょう。

加藤　淳（全国発達支援通園事業連絡協議会 事務局長）

おわりに

２０２０年来の「新型コロナ禍」のために、私ども全通連の大会も２０２０年は中止、２０２１年は滋賀でオンライン開催、そして２０２２年は大分でハイブリッド開催と大きく影響を受けました。各事業所も日々のコロナ対応、事業所収入の不安定さ、そして何よりも基礎疾患をもつ子どもたちと家族の健康と生活を護るために気を使い、大変な努力をしてきました。そんな中で、保育者はもとより、保護者をはじめ多くの方が原稿をお寄せいただいたことに心より感謝しています。

少し長めの「おわりに」になりますが、全通連が２０２０年度に実施した「実態調査」の結果の一部を簡単にご紹介して、今後の自治体の取り組みへの期待を述べたいと思います。この調査では、47都道府県87自治体の児童発達支援センターに調査用紙を送付しましたが、新型コロナ禍であったことも影響し、18都道府県37自治体からの回答となりました。回答いただいた自治体でも、乳幼児健診受診率や障害児保育数が「白紙」の自治体がそれぞれ9・13自治体あり、関係部署の横の連携に課題があることがわかりました。それだけに、２０２４年施行の「改正児童福祉法」が、母子保健と児童福祉の連携や、児童発達支援センターの地域連携機能の充実につながることを願っています。

ちなみに回答自治体については、乳児健診の受診率は医療機関委託健診の方がわずかに低いものの、全体の健診の受診率は97％前後と高いものとなっています。乳幼児健診の受診率の向上が健診後の親子支援につながっているかというと、乳児健診後の「親子教室」を実施している自治体は今回実践の報告をいただいた伊佐市、大津市も含めて5自治体、幼児健診後の「親子教室」について未記入4、「未実施」3、3歳児健診後の「親子教室のみ」4という状況でした。親子が楽しい体験を通して仲間と出会い、専門職と出会う「親子教室」を、児童福祉施策として制度的に位置づける必要があると私たちは考えています。特に「育児休業」を取得し、その後保育所を利用する保護者が増加している現状を踏まえれば、「育児休業」中の0歳児期に、そうした体験を保障することが重要ではないでしょうか。

保育園における障害児数を記入した24自治体の1園あたりの障害児数は0から11・1人まで大きな幅があり、平均は3・13人でした。0歳児対象の「親子教室」を月2回以上実施している3自治体は、1園あたりの要支援児数が5・59人以上で、しかも3歳未満児、就労していない家庭の子どもも受け入れており、0歳児期からの支援が継続的な発達支援、保護者支援につながっていることがわかります。「育てにくさ」を抱える親子支援の取り組みは、障害が診断される前から始められる必要があるとともに、出生前後に障害があると明らかになる場合にも0歳児期から、親子にていねいな取り組みを届ける必要があります。そうした取り組みを第1章・2章で取り上げました。保護者や保育所・幼稚園なども含めて、親子を支えるネットワークに関しても視野に入れさせていただきました。第3章では働く親と子の笑顔が膨らむ取り組みを中心に紹介しました。保育所等では「診断」を受けていない子どもへの支援にお困りのことも多く、児童発達支援センターの地域支援機能の拡充への期待も大きいかと思いますが、コロナ禍でそうした地域支援が十分に取り組めなかったことも事実でした。国の様々な施策を活かすだけでなく、国の施策を超えて、親子の生活する場としての自治体の取り組みのあり方について第4章でまとめました。保護者と支援者がともに声をあげている自治体は少ないかと思います。子どもが幼いうちは、保護者にはゆとりも情報も学習の機会も少ないと思われるからです。主権者である保護者の意見表明を大切にすることが、子どもの意見表明につながることを願い、障害の診断の有無にかかわらず、すべての子どもの権利が護られることを役員一同願うとともに、会長・事務局長として第5章で意見表明しました。

次の機会には、母子保健と児童福祉施策が連携した、より充実した取り組みを紹介できることを願っています。

近藤直子（全国発達支援通園事業連絡協議会（全通連）会長）

|編著|
近藤直子（こんどう なおこ）
あいち障害者センター理事長、全国発達支援通園事業連絡協議会会長、
日本福祉大学名誉教授

全国発達支援通園事業連絡協議会（全通連）事務局
〒464-0032　名古屋市千種区猫洞通1-15
東部地域療育センターぽけっと 内
TEL 052-782-3388　FAX 052-782-0771
http://zenturen.g1.xrea.com/　e-mail：zenturen@yahoo.co.jp

|執筆者| 執筆順
松迫恵美（伊佐市役所こども課　保健師）
内村琴美（保護者）
土田彩織（大津市 子ども発達相談センター）
山口雅子（鹿児島市 むぎのめ子ども発達支援センターりんく）
袴田のぞみ（保護者）
岩屋奈津美（都城子ども療育センターひかり園）
尾藤菜摘（名古屋市 発達センターあつた）
成田民子（名古屋市 東部地域療育センターぽけっと）
藏貫裕子（大津市立東部子ども療育センターのびのび教室）
阪口　彩（保護者）
別所尚子（大津市立やまびこ園・教室）
石本文子（大津市立大平保育園）
河井園美（大津市立平野幼稚園）
五十嵐猛（社会福祉法人萌葱の郷子育て総合支援センター長、
大分県発達障がい者支援センターECOAL）
田中カヨコ（大分市 社会福祉法人とんとん 理事長）
岩松まきえ（鹿児島市 むぎのめ子ども発達支援センターりんく）
佐藤明裕（名古屋市 南部地域療育センターそよ風）
阪上幸代・椎屋恵子（都城子ども療育センターひかり園）
隈江　薫（延岡市 NPO法人SUNクラブひまわり 児童発達支援センターあはは）
藤林清仁（同朋大学）
中程良子（滋賀県障害児地域療育連絡協議会）
田中一旭（大分市 こども発達支援センターもも 施設長）
中川綾美（名古屋市 発達センターあつた）
加藤　淳（全国発達支援通園事業連絡協議会 事務局長）

3歳までの親子支援と保育・療育

「こども家庭センター」のあり方をさぐる

2023年11月20日　初版発行

編　著　©近藤直子・全国発達支援通園事業連絡協議会
発行者　田島 英二
発行所　株式会社 クリエイツかもがわ
〒601-8382　京都市南区吉祥院石原上川原町21
電話 075(661)5741　FAX 075(693)6605
ホームページ https://www.creates-k.co.jp
郵便振替　00990-7-150584
印刷所　モリモト印刷株式会社

ISBN978-4-86342-360-2 C0036　printed in japan